오늘부터
영문도안
손 뜨개

오늘부터 영문도안 손뜨개 (대바늘편)

초판 1쇄 인쇄 2018년 6월 20일
초판 3쇄 펴냄 2023년 4월 10일

지은이 | 이순선
펴낸이 | 김동중

펴낸곳 | 즐거운가
출판등록 | 2015년 7월 23일 제25100-2015-20호
주소 | 서울 중랑구 동일로 569-55
전화 | 070-7542-3673
팩스 | 02-6005-9431
전자우편 | merrydiy@naver.com

©이순선 2018
ISBN : 979-11-957114-6-8 13630

정가 18,000원

파본이나 잘못 인쇄된 책은 구매하신 서점에서 교환해드립니다.

이 책은 저작권법에 따라 보호받는 저작물이므로 무단전재와 복제를 금합니다.
이 책 내용의 일부 또는 전부를 이용하려면 반드시 저작권자와 즐거운가의 서면동의를 받아야 합니다.

이 도서의 국립중앙도서관 출판예정도서목록(CIP)은 서지정보유통지원시스템 홈페이지(http://seoji.nl.go.kr)와 국가자료 공동목록시스템(http://www.nl.go.kr/kolisnet)에서 이용하실 수 있습니다. (CIP제어번호: CIP2018017925)

※ 본 서적은 저작권자 허락을 받은 공방이나 클래스에서만 교재로 사용하여 수업할 수 있습니다.
※ 표지에 사용된 이미지는 Freepik에서 사용하였습니다.

뜨개 순서로 쉽게 배우는 영문도안

즐거운가

prologue

영문도안 해석 좀, 도와주세요.

누구나 처음 볼 때는 외계어처럼 느껴지는 영문도안! 포털 사이트에 영문도안을 검색하면 연관 검색어에 '해석 좀, 도와주세요.'라고 나옵니다. 많은 분이 영문도안을 읽는데, 어려움을 겪고 있다는 의미입니다. 영문도안은 영어만 알아도 뜨개만 알아도 쉽지 않습니다.

영문도안은 표와 도식 위주인 우리나라 도안과 달리 대부분 서술형으로 이루어져 있습니다. 그래서 약어만 보고는 선뜻 시작하기 어렵습니다. 하지만 영어를 잘하는 사람이 아니어도 조금만 연습하면 충분히 혼자서 영문도안을 읽을 수 있습니다. 뜨개에서 자주 쓰이는 용어가 반복해서 쓰이기 때문입니다.

처음 뜨개를 시작하는 분께는 더더욱 영문도안을 추천합니다. 영어권 국가의 뜨개 역사가 길어서 다양한 도안과 기법들이 공개되어 있기 때문에 혼자 힘으로 뜰 수 있는 작품이 정말 많습니다. 그리고 영어권 국가뿐만 아니라 요즘 우리나라 뜨개인이 선호하는 북유럽 도안도 영문도안으로 발행됩니다. 도안이 서술형이어서 처음이 어렵지만, 나중에는 오히려 장점이 됩니다. 영문도안을 읽다 보면 한 코 한 단마다 친절히 가르쳐주는 선생님이 옆에 있는 느낌입니다. 간단한 표현이 있는 작은 작품으로 시작해 점점 더 멋진 작품에 도전해보세요.

2018년 6월
이순선

contents

Part 01

 영문도안 구매와 보는법

영문도안 검색 및 구매 ××× 10

영문도안 구성 ××× 28

영문도안 좀 더 쉽게 보는 방법 ××× 36

Part 02

 옷 뜨는 순서로 배우는 영문도안 손뜨개

basic stitches 기본무늬 ××× 40

cast on / bind on 코잡기 ××× 47

lower hem / lower edge 밑단 ××× 48

set up row / foundation row / preparation row 세팅 단 / 무늬 배열 단 ××× 50

work even / work straight 평단 ××× 51

armhole shaping 진동 코 줄임 ××× 52

neck shaping 앞목 / 뒷목 코 줄임 ××× 58

shoulder shaping 어깨 경사 ××× 61

sleeve shaping & cap shaping 소매 코 늘림 & 소매산 코 줄임 ××× 62

finishing / to finish / to make up 마무리 ××× 69

스페셜 팁 01　cast on / bind on 코잡기 ××× 71

스페셜 팁 02　increase & decrease 코 늘림 & 코 줄임 ××× 78

스페셜 팁 03　cast off / bind off 코 막음 ××× 86

스페셜 팁 04　seam / seaming 시접 잇기 ××× 91

스페셜 팁 05　pick up 코줍기 ××× 94

Part 03

영문도안 손뜨개 작품 만들기

Estuary 영문도안 / **Estuary** 번역본 ××× 98
Wind Down by DROPS Design 영문도안
Wind Down by DROPS Design 번역본 ××× 118
Goofy Gavin by DROPS Design 영문도안
Goofy Gavin by DROPS Design 번역본 ××× 128

Part 04

FAQ 자주 묻는 질문

몇 번째 사이즈를 선택해야 할까? ××× 156
right, left, front, back 오른쪽, 왼쪽, 앞, 뒤 ××× 157
- stitch 코 ××× 158
repetition 반복 ××× 161
K0? ××× 163
at the same time 이와 동시에 ××× 164
turn 편물을 돌리다. ××× 165
short rows 경사뜨기 / 되돌아뜨기 ××× 167

Part 05

영문도안 손뜨개 약어와 용어

abbreviations and terms 약어와 용어 ××× 174
인형 용어 / 양말 용어 ××× 191
실 굵기 ××× 195
대바늘 호수 환산표 ××× 196
단위 변환 공식 ××× 197
영문도안 사이트 ××× 198

How to Read English Knitting Patterns

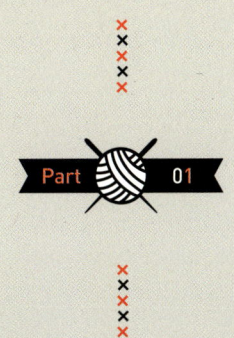

영문도안
구매와 보는법

today

How to Read English Knitting Patterns

 ## 영문도안 검색 및 구매

영문도안을 구매할 수 있는 여러 사이트 중에 세계적으로 가장 활발한 Ravelry(레이블리)를 중심으로 도안을 검색하고 구매하는 방법을 소개한다. Ravelry는 미국 뜨개 커뮤니티이지만 전 세계의 뜨개인이 모이는 곳이다. 이용자 수가 많기 때문에 그만큼 손뜨개 실과 도안에 관한 정보도 방대하다. Ravelry 회원 가입은 이메일 주소만 있으면 간단하게 가입할 수 있다.

Ravelry 가입하기

1 먼저 'https://www.ravelry.com'에 접속한다. 회원 가입을 위하여 [join now!]를 클릭한다.

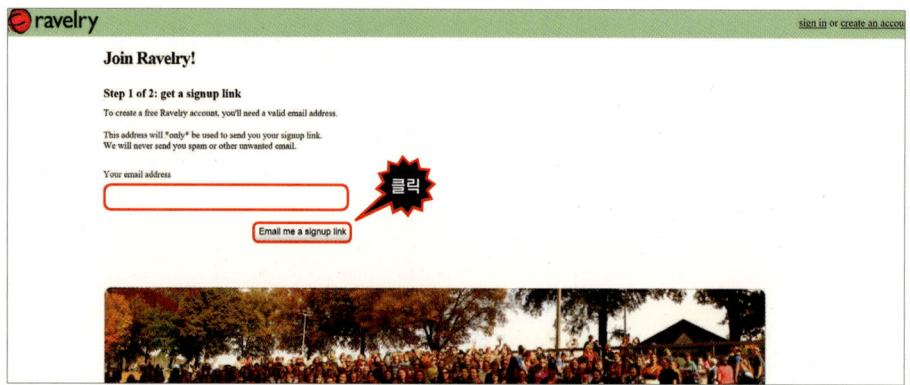

2 'Your email address' 아래 빈칸에 이메일 주소를 입력하고 [Email me a signup link]를 클릭한다.

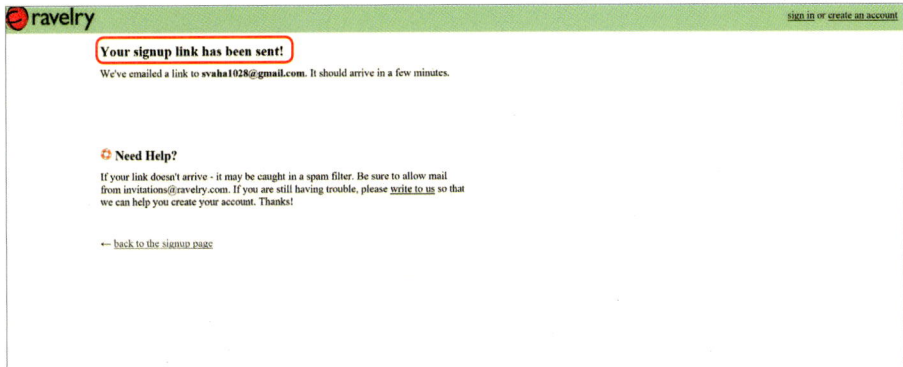

3 'Your signup link has been sent!' 라는 문구가 있는 화면이 뜬다.

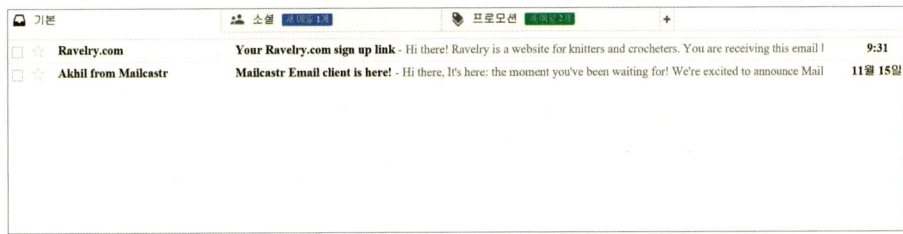

4 메일함에서 Ravelry메일을 확인한다. 메일함에 메일이 없다면 스팸 메일함을 확인해 보세요.

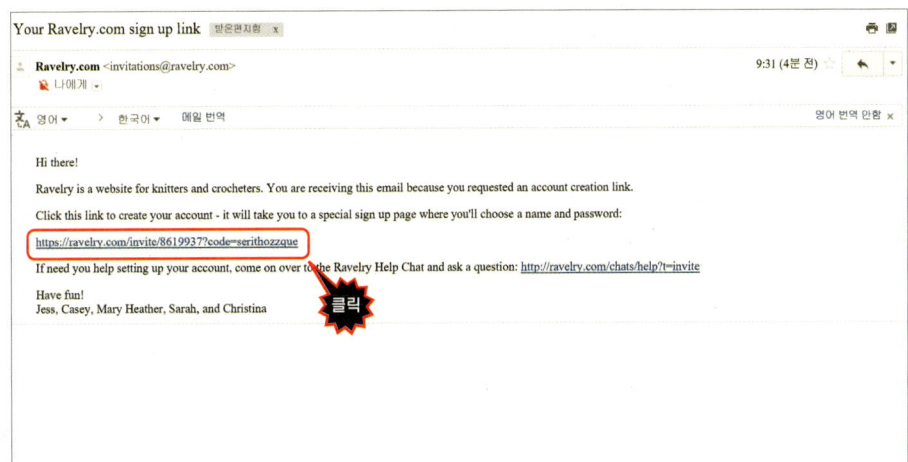

5 메일을 열어 가입주소를 클릭한다.

today

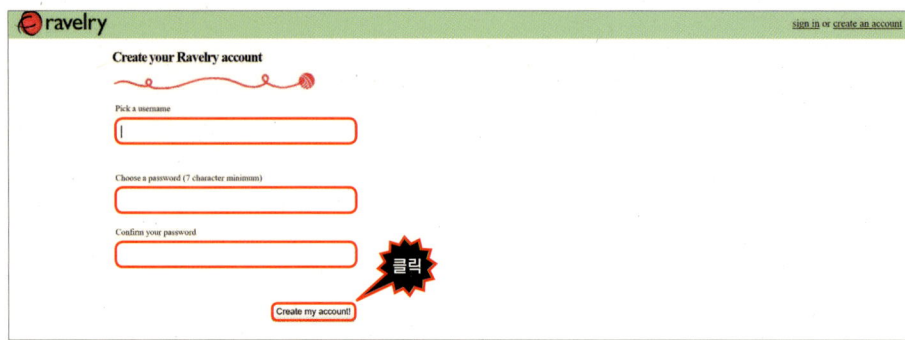

6 'username'에 사용자 이름을 띄어쓰기 없이 입력한다. 'password'에 비밀번호는 7자 이상 입력한다. password 확인을 위해 한 번 더 입력한 후 [Create my account]를 클릭한다.

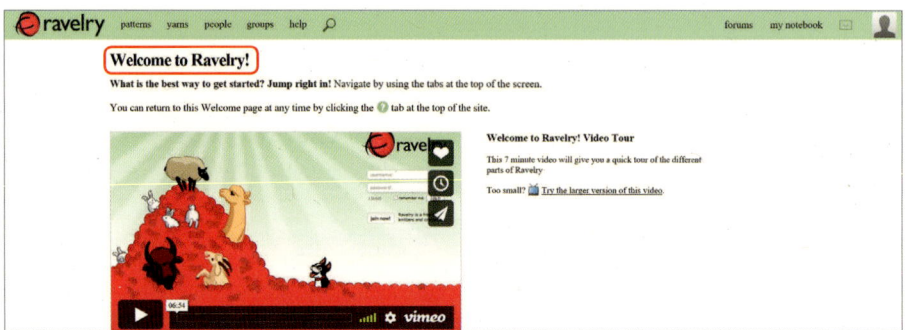

7 'Welcome to Ravelry!' 화면이 뜨면 회원 가입이 완료된 것이다.

도안 검색과 필터링

1 홈 화면에서 [patterns]를 클릭한다. 검색창에 도안, 작가, 책 등 원하는 정보를 입력한다.

How to Read English Knitting Patterns

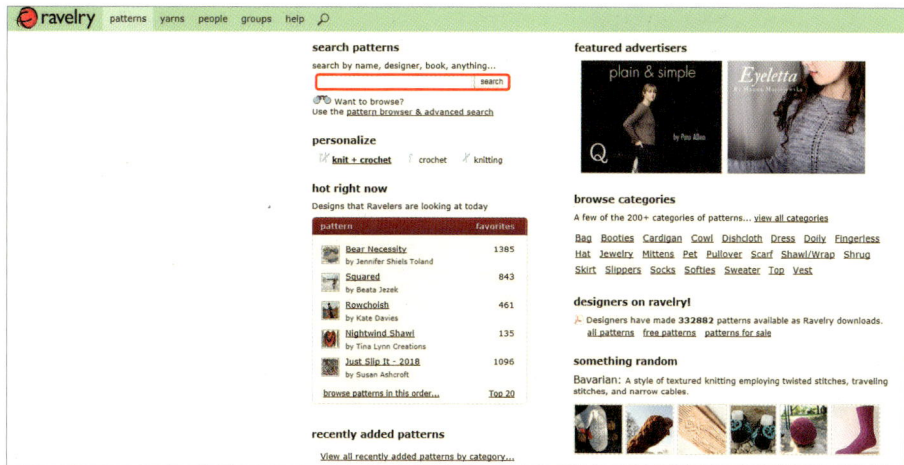

2   예로 검색창에 'pullover'를 입력하여 검색한다.

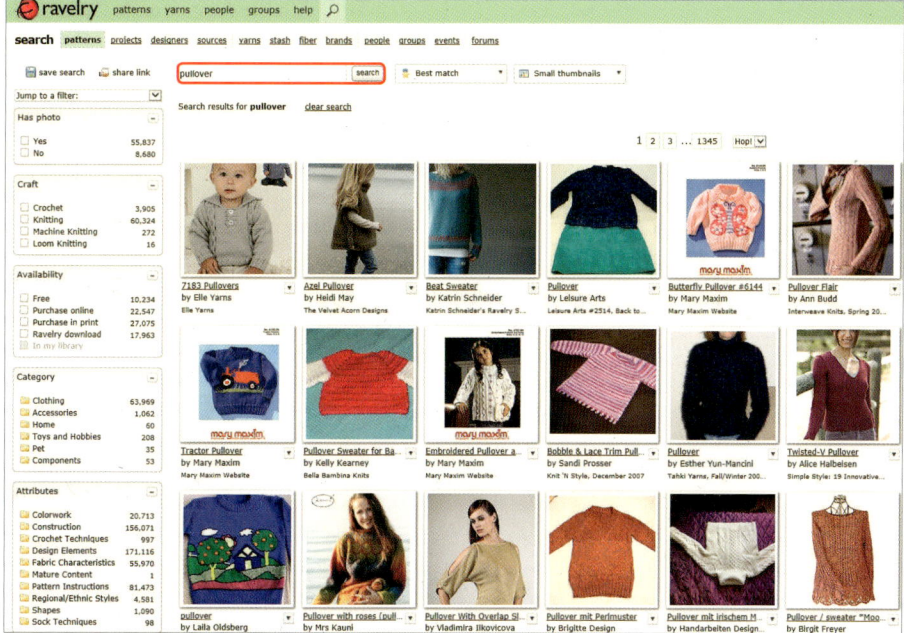

3   'pullover'로 검색하면 결과 페이지 수와 작품 이미지가 나온다.

today

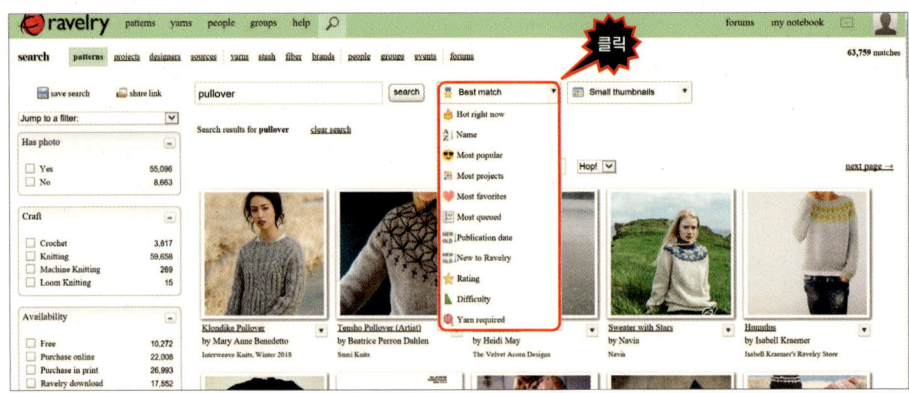

4 수많은 페이지의 작품을 최적, 실시간 인기, 이름(알파벳 순서), 유명도, 작품 수, 좋아요 수 등의 순서로 정렬하여 결과를 볼 수도 있다.

Best match	최적
Hot right now	실시간 인기
Name	알파벳 순서
Most popular	유명도
Most projects	작품 수
Most favorites	좋아요 수
Most queued	니팅 리스트 대기
Publication date	발행일
New to Ravelry	레이블리에 새로 등록
Rating	평점
Difficulty	난이도
Yarn required	실 소요량

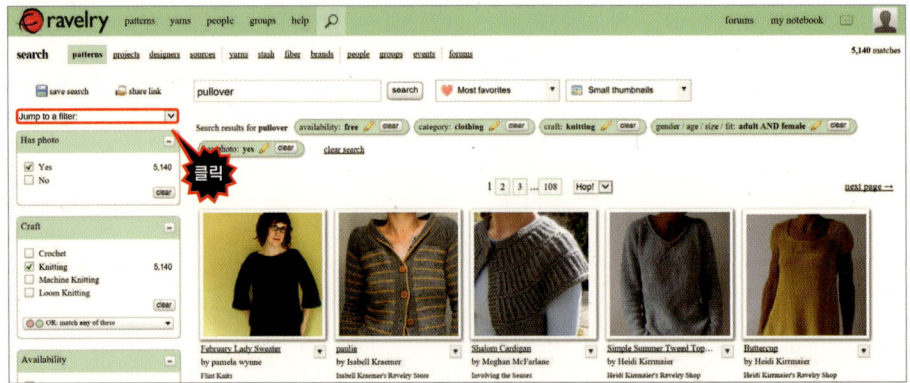

5 왼쪽 메뉴 'Jump to a filter'에서 항목을 하나씩 클릭해 필요한 정보를 필터링해서 볼 수 있다. 사진은 무료 도안, 의류, 대바늘, 성인 여성, 사진 유무로 필터링한 결과이다.

How to Read English Knitting Patterns

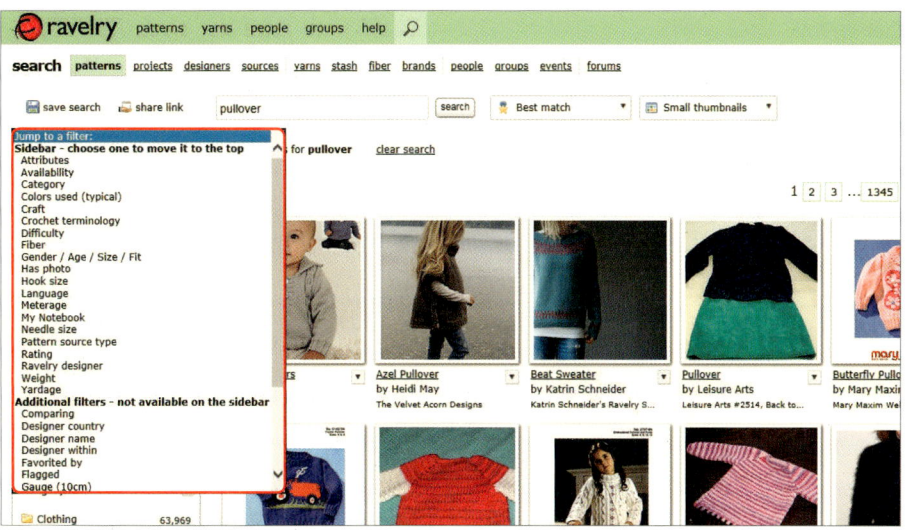

6 'Jump to a filter' 항목으로 필터링하여 필요한 것만 검색할 수 있다.

15

도안 구매

무료도안의 경우

This pattern is available for free를 클릭하면 레이블리에서 다운받거나 라이브러리에 저장할 수 있다. 레이블리에서 제공되지 않는 도안의 경우 해당 사이트로 이동한다.

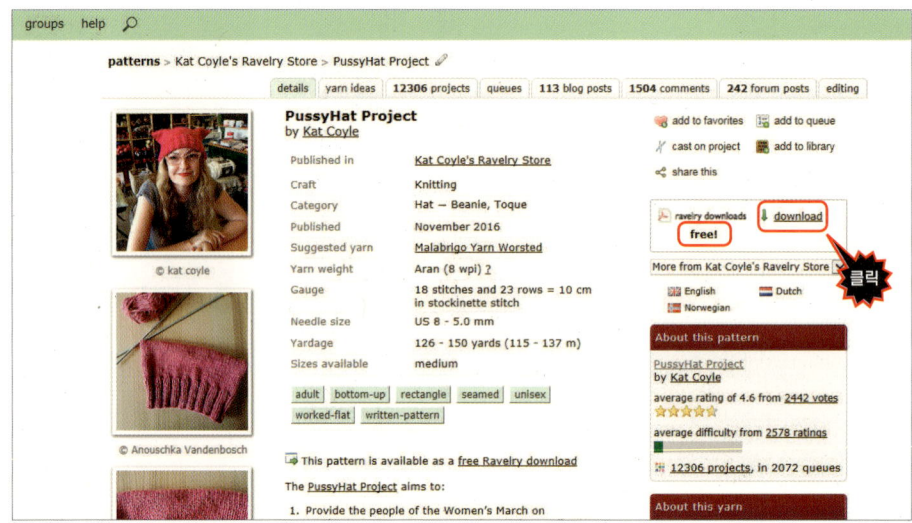

1 [download]를 클릭하면 팝업창이 뜬다.

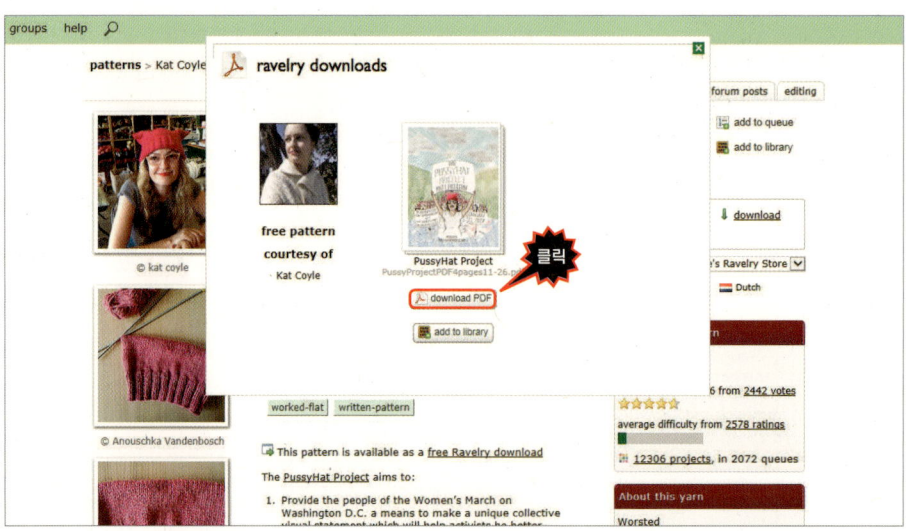

2 [download PDF]를 클릭하여 도안을 저장하면 된다.

유료도안의 경우

This pattern is available for 가격 옆 [buy it now]를 클릭한다. 해외 결제 가능한 visa, master 카드 정보를 입력한다.

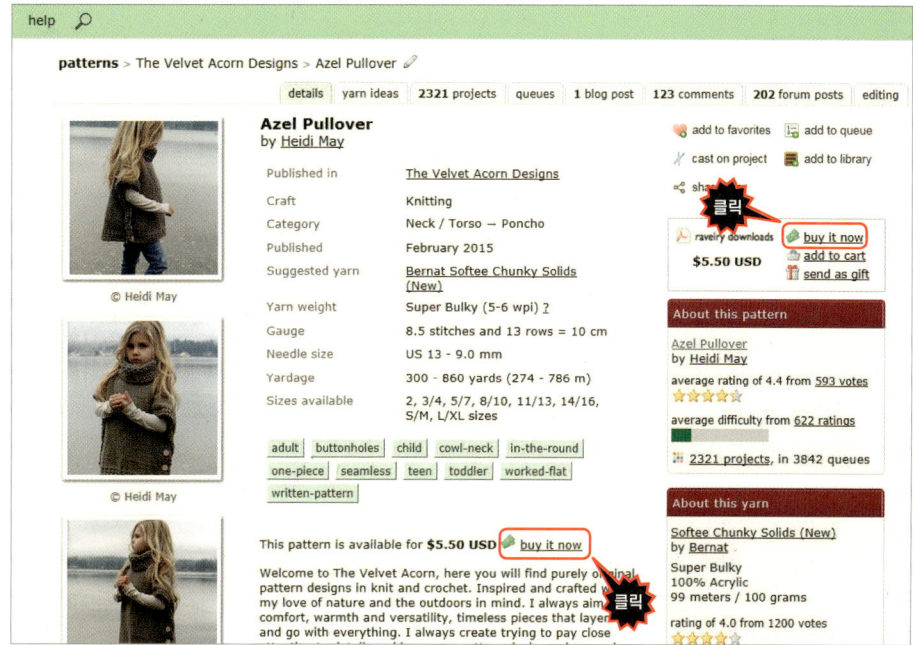

1   오른쪽 상단 또는 가운데 있는 [buy it now]를 클릭한다.

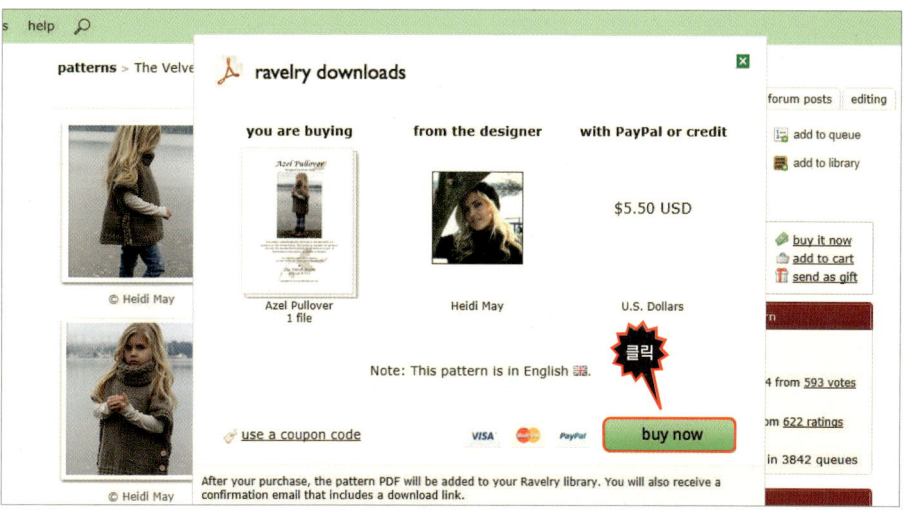

2   최종 결제를 위하여 [buy now]를 클릭하면 도안 구매창이 뜬다.

3 [Pay with Debit or Credit Card]를 클릭한다.

4 개인 기본 정보와 사용 카드 정보를 입력한 후 약관 동의란에 체크하고 [Pay Now]를 클릭하면 구매가 완료된다.

Country - South Korea 국가 대한민국
Card number 카드번호
Expire 만료일
CVV 카드 뒷면 숫자 세 자리
Last name 성
First name 이름
Billing address 청구 주소
Street, Building number 도로명, 건물번호
More address information 추가 주소 정보

City / District 시/군/구
Province 시/도
Postal code 우편번호
Contact information 연락처 정보
Phone type 전화유형
Phone number 전화번호
Email 이메일

Pay Pal 가입하기

한국어 지원이 되는 Pay Pal에 가입하면 매번 카드 번호를 입력하지 않아도 되니 이용이 편리해지고 만약 문제가 발생하여도 대처가 쉽다.

먼저 'https://www.paypal.com/kr/webapps/mpp/home'에 접속한다.

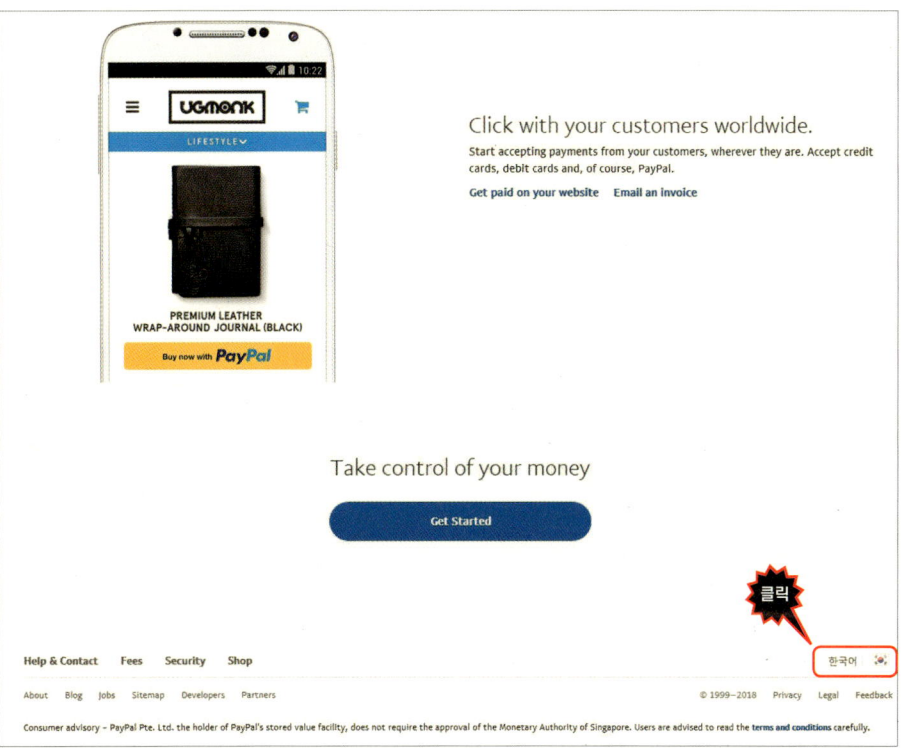

1   페이팔 사이트 하단에 [한국어]를 클릭하고, [회원가입]을 클릭한다.

2 'Pay Pal로 구매하기'의 [지금 시작하기]를 클릭한다.

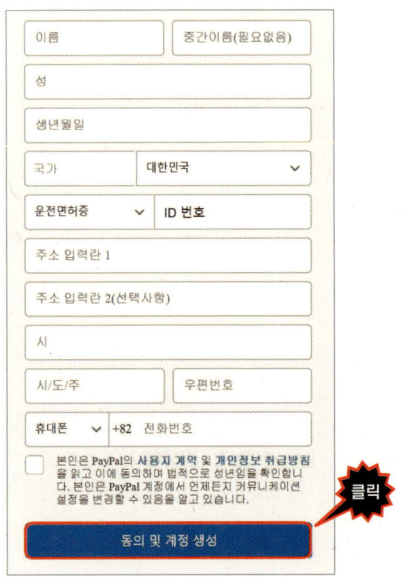

3 이메일 주소와 암호를 입력하고 [계속]을 클릭한다.

4 가입 정보를 입력하고 [동의 및 계정 생성]을 클릭한다.

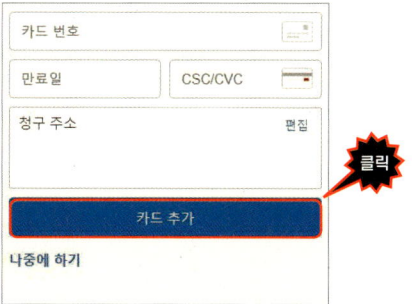

5 카드정보와 청구 주소를 입력하고 [카드 추가]를 클릭한다.

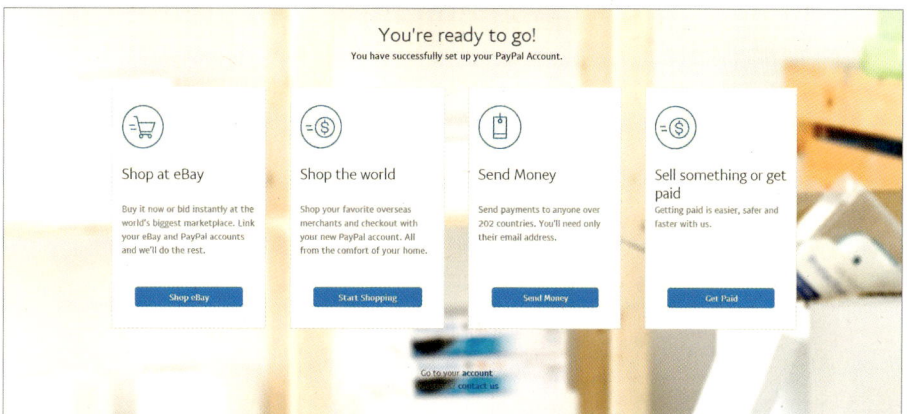

6 페이팔 계정 만들기가 완료되었다.

7 카드를 등록하면 1달러가 시험 결제 되지만 다시 결제가 취소된다.

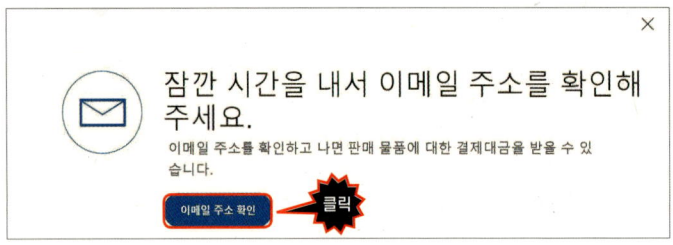

8 [이메일 주소 확인]을 클릭하면 등록된 주소로 이메일이 전송된다.

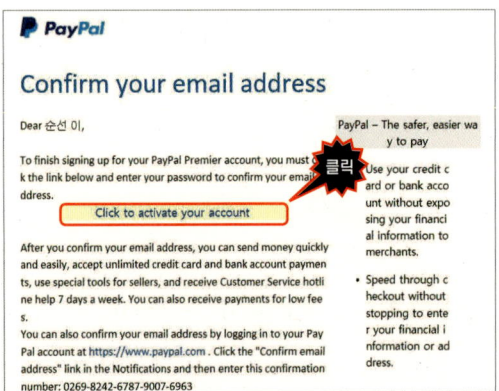

9 [Activate your PayPal account] 제목 메일을 클릭한다.

10 [Click to activate your account]를 클릭해 계정을 활성화한다.

11 계정 활성화가 완료되었다. 페이팔 계정 이메일과 비밀번호만 입력하면 도안을 구매할 수 있다.

How to Read English Knitting Patterns

도안 업데이트

도안에 오류가 발견되어 작가가 도안을 수정하거나 업데이트한 경우 판매 페이지에 게시하고 레이블리에서 구매한 사람에게 메일을 보내준다.

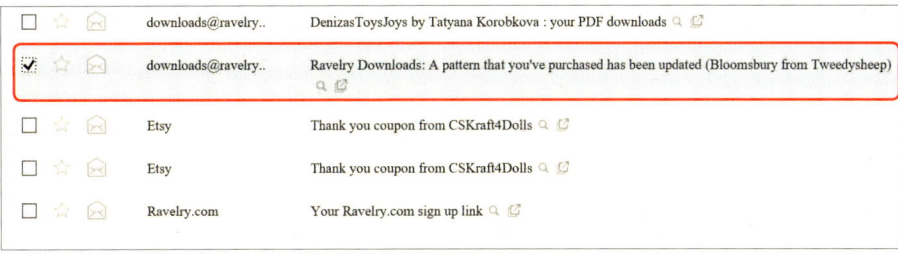

도안 업데이트가 있으면 'A pattern that you've purchased has been updated' 라는 제목의 이메일을 받게 된다.

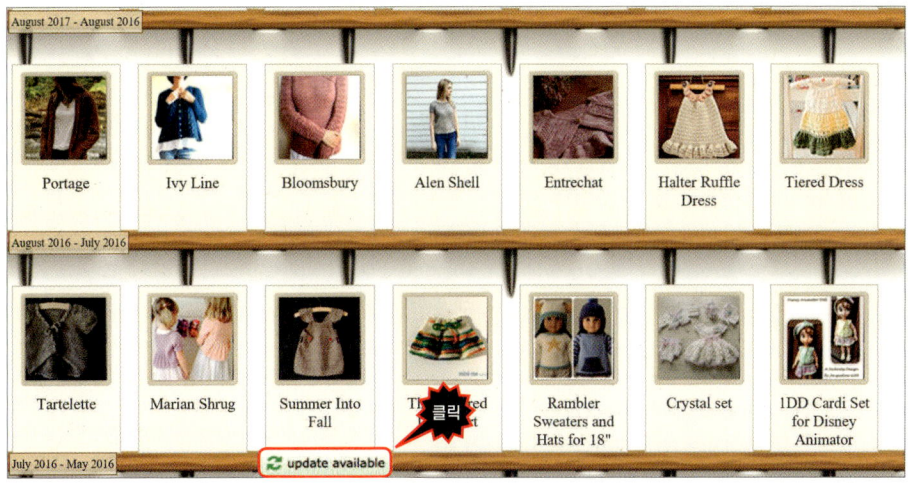

업데이트 관련 이메일을 받았다면 레이블리에 접속하여 라이브러리를 클릭, [update available]를 클릭한다.

23

내가 만든 도안 Ravelry에서 판매하기

뜨개를 하다가 내가 디자인한 도안을 무료로 배포하거나, 유료로 판매할 수도 있다. Ravelry에서 도안을 판매하는 방법을 알아본다.

도안 등록하기

레이블리 가이드에는 판매 페이지 설정이 먼저 나오지만, 도안을 먼저 등록해야 판매 페이지가 생성된다.

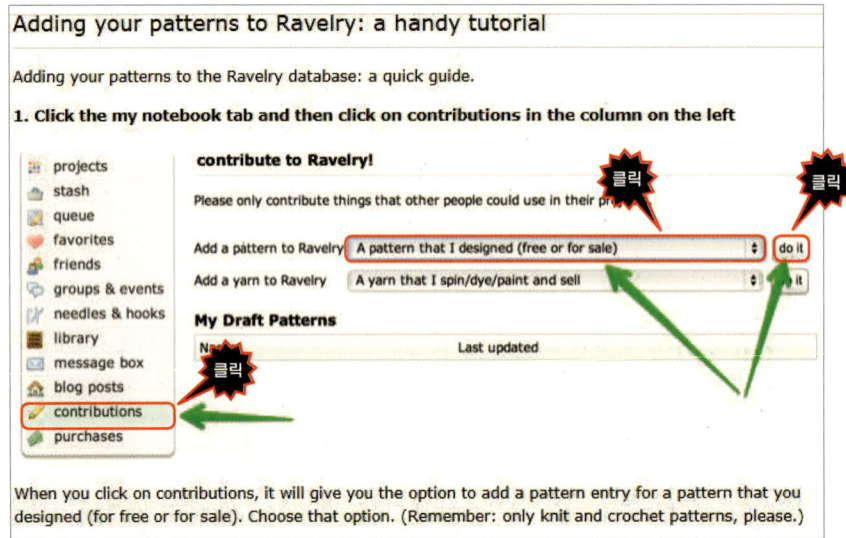

1 레이블리 상단 메뉴에서 [my notebook] 클릭, [contributions] 클릭, 'A pattern that I designed (free or for sale)'를 선택한 후 [do it]를 클릭한다.

2 도안 이름을 검색창에 입력해 중복된 도안인지 확인하고 [add this pattern to Ravelry]를 클릭한다.

How to Read English Knitting Patterns

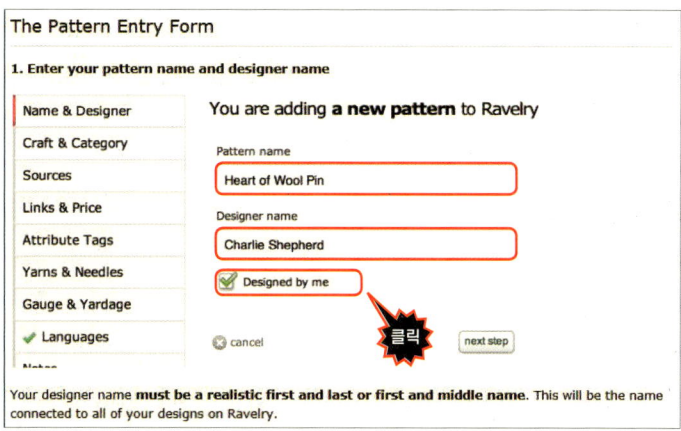

3 도안 이름과 디자이너 이름을 입력하고 'designed by me'를 클체크 표시한 후 [next step]를 클릭한다.

4 도안 정보를 차례차례 입력한다. [save as draft]를 클릭해 임시보관함에 저장하고 나중에 완료할 수도 있다.

Name & Designer 도안 이름 & 디자이너	Gauge & Yardage 게이지 & 실 소요량
Craft & Category 뜨개 종류 & 분류	Language 언어
Sources 출처	Notes 주의할 점
Links & Price 웹페이지 링크 & 가격	Photos 사진
Attribute Tags 속성 태그	Preview and Publish 미리 보기 & 발행하기
Yarns & Needles 실 & 바늘	

5 도안 정보 입력 내용

25

도안 판매 페이지 설정하기

도안을 등록하면 레이블리 상단 메뉴에 pro 항목이 뜬다.

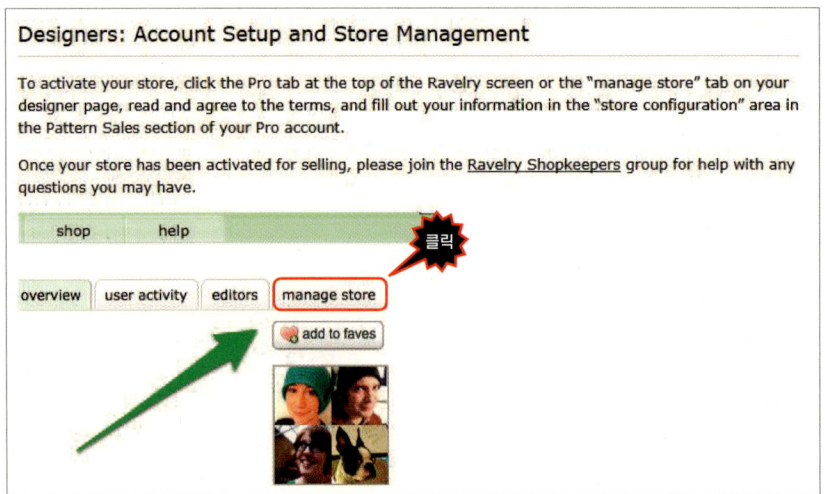

1 레이블리 스토어를 활성화하기 위해 [manage store]를 클릭한다.

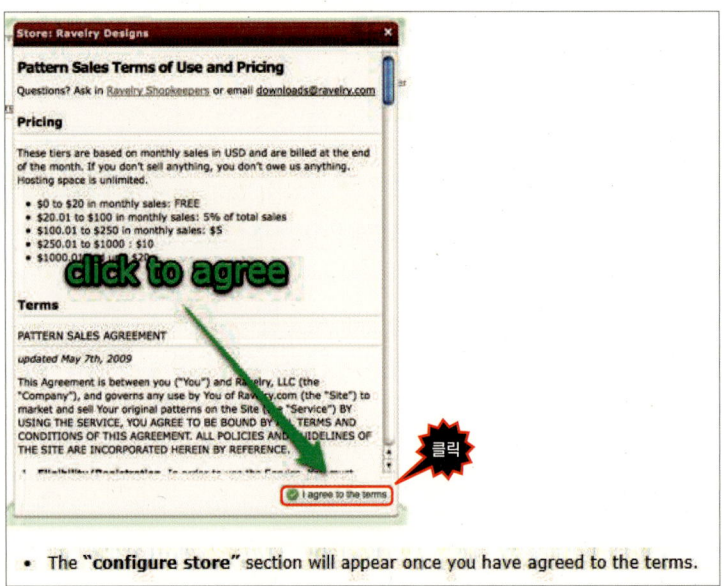

2 도안 판매 금액에 따라 레이블리에 지불하는 수수료가 발생한다. 판매 약관에 동의한다면 [I agree to the terms] 클릭한다.

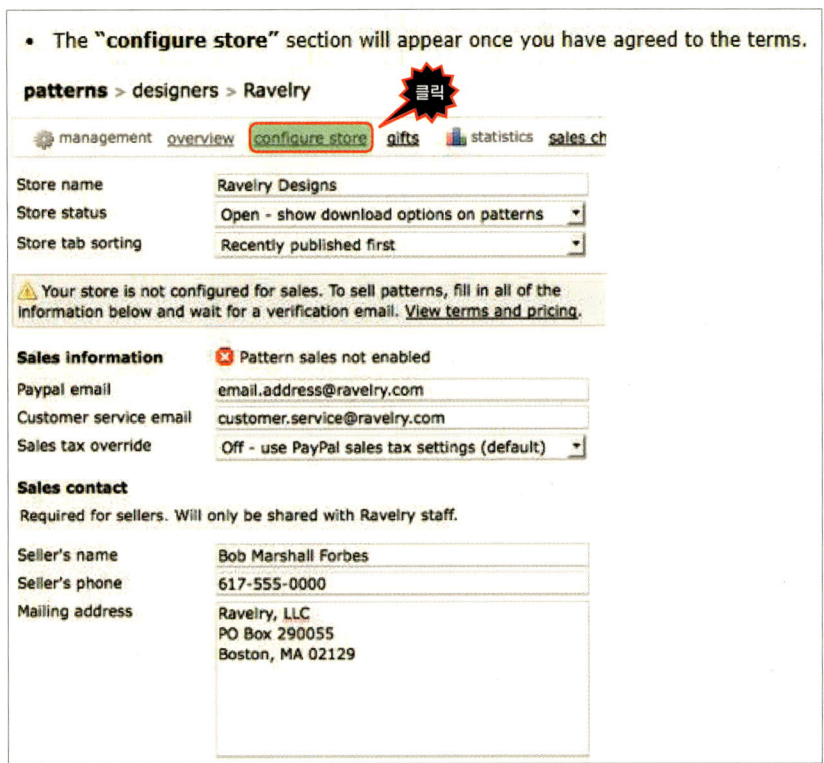

3 [configure store]를 클릭한다. 아래 정보를 입력해 판매 페이지를 설정하면 등록된 페이팔 계정으로 이메일이 발송된다. 이메일을 열어 [verification code]를 클릭하면 레이블리 스토어가 활성화된다.

Store name 스토어 이름
Store status 스토어 상태
Store tab sorting 스토어 정렬 기준
Paypal email 페이팔 이메일
Customer service email 고객 서비스 이메일
Sales tax override 판매 세금 기각

Seller's name 판매자 이름
Seller's phone 판매자 연락처
Mailing address 주소
Thank you Text 도안 구매자가 다운로드 전에 볼 판매자 메시지

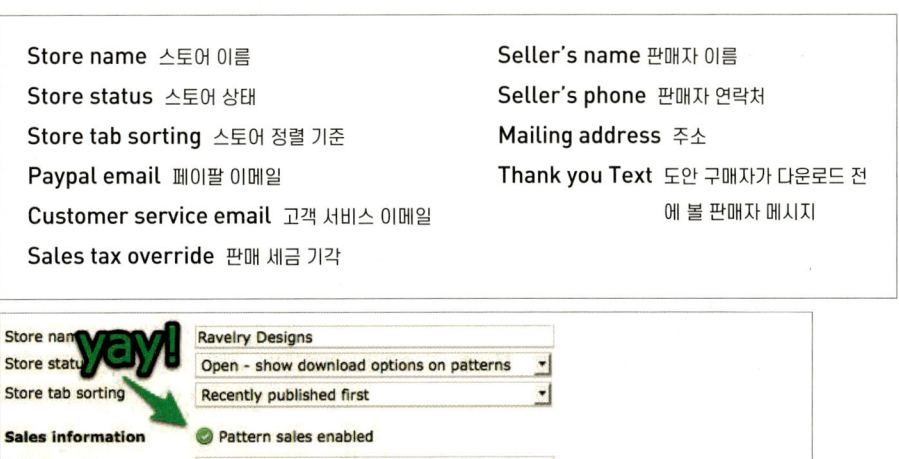

4 이제는 무료도안 또는 유료도안을 레이블리에 제공할 수 있다.

today

How to Read English Knitting Patterns

 ✕ **영문도안 구성**

영문도안 손뜨개는 무늬를 기호로 표시한 차트(표)와 옷의 구조를 단순화한 그림인 도식을 제외하고는 주로 서술형으로 이루어져 있다. 복잡해 보이지만 영문도안의 구성을 나누어 보면 도안 내용을 쉽게 알 수 있다.

Pattern Name 도안 이름

Sizes / Measurements 사이즈 / 치수

Materials 재료
yarn 실
needle 바늘
notions 부자재

Note 주의할 점

Gauge / Tension 게이지

Instructions / Directions 지시사항

Stitch Pattern 무늬 설명

Abbreviations 약어
Terms 용어

Chart 차트(표)

Diagram / Schematic 도식

sizes / measurements 사이즈 / 치수

대개 사이즈와 치수 단위는 cm와 inch로 둘 다 기재되어 있다. 둘 중 하나만 보면 된다. 일본이나 우리나라 도안은 대부분 한 가지 사이즈가 제공되는데 영문도안에서는 다양한 사이즈가 제공된다. 사이즈는 가슴둘레에 맞춰 결정하지만 체형이 우리나라와 다르기 때문에 소매길이와 같은 세부 치수까지 똑같이 따라 할 필요는 없다.

To fit bust 가슴둘레

상의의 경우 가슴둘레로 사이즈를 결정한다. 가슴둘레와 완성치수(finished measurement)를 구분해야 한다.

chest / bust circumference 가슴둘레						
xs	s	m	l	xl	xxl	xxxl
80	85	90	95	100	105	110

ease 여유분

실제 가슴둘레 그대로 옷을 뜨면 움직일 때 불편한 옷이 된다. 그래서 대개 5-10cm 정도 품을 더하는데 그것을 여유분이라 한다. 여유분을 많이 주면 오버사이즈 핏(oversized fit), 여유분을 주지 않거나 실제 가슴둘레보다 더 작은 품으로 뜨면 타이트 핏(tight fit) 옷이 된다.

positive ease + 여유분
negative ease - 여유분

finished measurement 완성 치수

실제 가슴둘레에 여유분을 더한 치수이다. 가슴둘레 외에 어깨너비, 소매 폭, 소매 길이, 진동 길이 등의 치수를 제공한다.

유아동복의 치수, 유아, 신생아 (New born Infant)

- **year(yrs)** 세
  영문도안에서 **years**는 만 나이를 의미한다.
  0-3yrs(0-3세)

- **toddler(T)** 세
  걷기 시작하는 나이를 의미한다. 기저귀를 포함하는 여유분이 있다.
  2T(2세), 3T(3세), 4T(4세)

today

- **month(m)** 개월
  신생아의 경우 우리나라 아기들이 더 크다. 그래서 영문도안에 나와 있는 치수를 참고하여 개월 수 보다 큰 사이즈를 뜨는 것이 좋다.
  3/0-3m(3/0-3개월)
  6/3-6m(3/6개월)
  9/6-9m(9/6-9개월)
  12/9-12m(12/9-12개월)
  18/12-18m(18/12-18개월)
  24/18-24m(24/18-24개월)

yarn 실

실은 무게에 따라 gram(g), ounce(oz), 길이에 따라 meter(m) yard(yd) 그리고 감긴 모양에 따라 hank, skein, ball, cake, cone, donut 등으로 표기한다.

실을 한 겹으로 쓸 때는 다른 언급이 없지만 각각 한 겹씩 두 겹으로 뜨거나 한 가지 실을 두 겹으로 사용하는 경우 strand(가닥)라는 단어를 쓴다.

with two strands of yarn held together 실 두 겹을 함께 잡고

strand는 가로 배색할 때도 쓰이는 표현이다.

stranding /stranded knitting / Fair Isle 가로 배색

두 가지 색으로 배색할 때 main color (MC) 바탕실, contrast(ing) color (CC) 배색실이라 부른다. 여러 색상이 쓰이는 경우 Color A, Color B, Color C 등으로 표시한다.

needles 바늘

바늘은 모양에 따라 다르게 부른다.

straight needle 막대바늘
single pointed needle 한쪽만 뾰족한 막대바늘
double pointed needle 양쪽이 뾰족한 막대바늘 4~5개가 한 세트이다. 우리나라에서는 장갑 바늘로 불린다.
circular needle 줄바늘
cable needle 꽈배기바늘

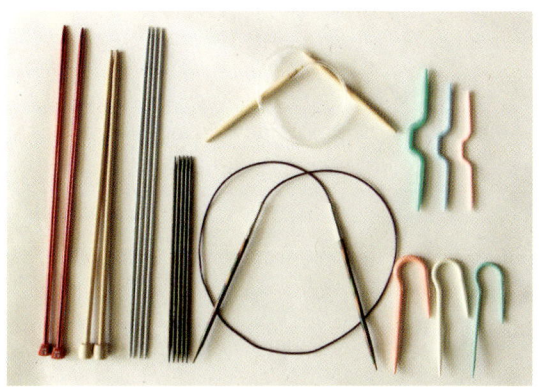

lager needles와 smaller needles

하나의 도안에서 사용되는 바늘 호수가 두 개일 때, 예를 들어 3.5mm 바늘과 4mm 바늘이 사용되는 도안이면 Using smaller needles는 3.5mm 바늘을 이용하여 라는 의미이고, change to larger needles는 4mm 바늘로 바꾼다는 의미이다. 바늘 호수가 셋 이상이면 smallest, largest 표현도 사용된다. 마찬가지로 하나의 도안에서 여러 길이의 바늘이 (40, 60, 80, 100, 120cm 등) 쓰이면 longer needles, shorter needles 표현도 사용된다.

notions 도구 부자재

holder / stitch holder / safety pin 어깨핀 안전핀
waste yarn / scrap yarn / spare yarn 자투리실
쉼 코로 둘 때 사용한다.

marker 마커
stitch marker 주로 둥근 모양의 마커
split marker 뜨는 중에 끼우거나 뺄 수 있는 틈이 있는 마커
row marker 대개 옷핀 모양의 단수를 표시하는 마커

무늬의 반복이나 코 줄임, 코 늘림 등 자리를 표시하는 마커는 우리나라에서는 단수링, 코 수링, 표시링 등으로 표현한다.

place marker (pm) 마커 걸기 - 오른손 바늘에 둥근 모양의 마커를 건다.
slip marker (sm) 마커 옮기기 - 왼손 바늘의 마커를 오른손 바늘로 옮겨 건다.
remove marker (rm) 마커 제거 - 마커를 바늘에서 뺀다.
slipping markers as you come to them / slipping markers as you go
뜨다가 마커를 만나면 옮겨가며 진행한다.

yarn needle / tapestry needle /darning needle / wool needle 마무리할 때 사용하는 돗바늘
button _ diameter 지름 _ 단추
sewing needle 단추 등을 꿰맬 때 쓰는 바늘

gauge / tension 게이지

게이지는 가로세로 10cm(4inch) 안에 몇 코, 몇 단이 들어가는지 의미한다. 코수와 단수 외에 바늘 호수와 무늬의 정보를 제공한다. 옷을 뜨기 전에 게이지를 꼭 확인해야 실패할 확률이 줄어든다. 뜨개 하는 사람마다 손의 장력이 다르기 때문에 원작 실과 바늘을 사용해도 게이지가 맞지 않을 수 있다. 원작보다 게이지 코수가 많은 경우 바늘을 한두 호수 높이고, 원작보다 게이지 코수가 적은 경우 바늘을 한두 호수 낮춘다.

How to Read English Knitting Patterns

🔴 20 sts and 27 rows = 10cm in Stocking stitch with 4.5mm needles
20코 27단 10cm 4.5mm 바늘 (메리야스뜨기)

stitch pattern 무늬 설명

도안에 들어가는 무늬를 미리 설명한다.

🔴 double seed stitch
Cast on even number of stitches.
Row 1: *K1, p1; repeat from * to end.
Row 2: Repeat row 1.
Row 3: *P1, k1; repeat from * to end.
Row 4: Repeat row 3.
Rows 1-4 forms double seed stitch.

1코 2단 멍석뜨기
짝수 코를 잡는다.
1단: *겉1, 안1, * 부터를 단 끝까지 반복한다.
2단: 1단을 반복한다.
3단: *안1, 겉1, * 부터를 단 끝까지 반복한다.
4단: 3단을 반복한다.
1-4단이 1코 2단 멍석뜨기가 된다.

*_ ; repeat from *
*부터를 반복하다
이 표현은 이제부터 ' * - *를 반복하다'로 쓰인다.

bubble stitch

Cast on a multiple of 4 sts plus 3.

Row 1, 3, 5: Purl all.

Row 2, 4: Knit all.

Row 6: K3, * k 4 below, k3 * to end.

Row 7, 9, 11: Purl all.

Row 8, 10: Knit all.

Row 12: K1, * k 4 below, k3 * to last 2 stitches, k 4 below, k1.

Rows 1-12 forms Bubble Stitch.

Repeat rows 1-12 ending with Row 1.

버블 무늬

4의 배수에 3코를 더한 수의 코를 잡는다.

1, 3, 5단: 모든 코 안뜨기한다.

2, 4단: 모든 코 겉뜨기한다.

6단: 겉3, * 4단 아래에 겉뜨기, 겉3 *를 단 끝까지 반복한다.

7, 9, 11단: 모든 코 안뜨기한다.

8, 10단: 모든 코 겉뜨기한다.

12단: 겉1, 2코 남을 때까지 * 4단 아래에 겉뜨기, 겉3 *를 반복, 4단 아래에 겉뜨기, 겉1.

1-12단이 버블 무늬가 된다.

1-12단을 반복하고 마지막 단이 1단이 되도록 끝낸다.

abbreviations 약어

뜨개 책과 잡지에는 대개 마지막에 약어 설명 페이지가 있다. 작가와 출판사에 따라 사용하는 약어에 차이가 있고 특히 개인이 발행한 도안의 경우 약어가 다를 수 있다. 그러므로 작품을 뜨기 전에 반드시 약어를 확인하는 것이 좋다.

note 주의할 점

디자인에 대한 작가의 생각, 작품 구조 그리고 작품을 뜰 때 주의할 점에 관해 설명한다. 뜨기 전에 꼭 확인한다.

> **예**
>
> **This garment is worked seamlessly from the top down.**
> 이 옷은 위에서 아래로 솔기 없이 진행된다.
>
> **This dress is worked sideways, from cuff to cuff, then seamed at shoulders and sides.**
> 이 드레스는 한쪽 소매에서 반대쪽 소매까지 옆으로(가로로) 진행되고 어깨와 옆선을 이어 연결된다.
>
> **When using intarsia method, work the motif twisting the yarns at the back of work every time you change color to prevent holes.**
> intarsia 방식으로 세로 배색할 때, 구멍이 생기는 걸 막기 위해 색을 바꿀 때마다 편물 안쪽에서 실을 꼬아주며 모티브를 뜬다.

directions / instructions 지시사항

실, 바늘, 재료, 부자재, 게이지, 주의할 점 그리고 때로는 약어와 용어까지 영문도안의 앞부분에 많은 정보가 있다. 도안의 진짜 시작을 알고 싶을 때 Directions 혹은 Instructions 소제목을 찾으면 된다.

chart /graph 차트 (표)

우리나라나 일본의 차트를 보는 방법과 같다. 거의 모든 차트는 겉면을 기준으로 하고 아래에서 위로, 겉면 단은 오른쪽에서 왼쪽으로, 안면 단은 왼쪽에서 오른쪽으로 읽는다. 우리나라에서 쓰는 기호와 모양이 약간 다르긴 하지만 차트 아래에 기호 설명이 있기 때문에 읽을 때 큰 어려움은 없다.

schematic /diagram 표

옷의 구조를 단순화해 그림으로 표현한 것이다. 한눈에 옷의 구조를 파악할 수 있어 편리하다. 편물의 조각과 각 부분의 치수를 제공한다.

today

How to Read English Knitting Patterns

 영문도안 좀 더 쉽게 보는 방법

영문뜨개가 익숙하지 않은데 중간중간 길고 복잡한 문장이 나오면 여러 번 읽는 것이 좀 더 빠르게 적응할 수 있는 방법이다. 모국어가 아니기 때문에 길거나 구조가 어려운 문장은 한 번 읽어서 내용이 머리에 들어오지 않는다. 처음 약어를 익힐 때도 한 번에 다 외워야겠다 생각하지 말고 일주일 정도 기간을 잡고 연속해서 읽다보면, 어느 날 자연스럽게 겉뜨기 안뜨기보다 knit purl 이라는 표현이 익숙해진다.

다음은 part 3 Estuary 카디건 도안의 앞 단을 뜨기 전에 코를 줍는 과정을 설명하는 내용이다. 한 문장이 한 단락에 가깝다.

> With RS facing, using circular needle and MC, beg at lower right front edge, pick up and knit 79 (79, 81, 81, 83, 83) sts along right front edge to neck shaping, 18 sts along right neck shaping to color change-over, with CC, pick up and knit 52 (54, 56, 56, 58, 60) sts to right shoulder seam, 33 sts across back neck edge then 52 (54, 56, 56, 58, 60) sts along left front neck edge to color change-over, with another ball of MC, pick up and knit 18 sts along remaining left front neck edge then 79 (79, 81, 81, 83, 83) sts along left front edge – 331(335-343-343-351-355) sts.

긴 영문도안을 좀 더 쉽게 보는 방법

① 쉼표와 연결사로 나눈다.
② 반복되는 표현과 동사를 찾는다.
③ 전치사에 주의하며 꼼꼼하게 읽는다.

With RS facing,
using circular needle and MC,
beg at lower right front edge,
pick up and knit 79 (79, 81, 81, 83, 83) sts along right front edge to neck shaping,

18 sts along right neck shaping to color change-over,
with CC,
pick up and knit 52 (54, 56, 56, 58, 60) sts to right shoulder seam,
33 sts across back neck edge
then 52 (54, 56, 56, 58, 60) sts along left front neck edge to color change-over,
with another ball of MC,
pick up and knit 18 sts along remaining left front neck edge
then 79 (79, 81, 81, 83, 83) sts along left front edge – 331(335-343-343-351-355) sts.

바늘을 잡고 뜨기 전에 도안 전체를 훑어보고 대강의 진행 과정을 파악한다. 그렇다고 해서 모든 정보를 세세하게 파악할 필요는 없다. 영문도안 전체를 처음부터 끝까지 하나하나 해석한 후 뜨는 경우도 있는데 영문도안은 영어 그대로 보는 것이 훨씬 쉽다. 도안만 보았을 때 잘 이해되지 않던 문장도 뜨개를 하다 그 부분을 만나게 되면 쉽게 이해된다. 백문이 불여일견 이라는 말이 있는데, 뜨개는 백문이 불여일행이다. 실과 바늘을 잡고 한 문장 한 문장 따라가다 보면 결국 결과물이 나온다.

제일 중요한 것은 자신감이다. 할 수 있다는 자신감이 있으면 즐겁게 더 빨리 영문도안에 익숙해질 수 있다.

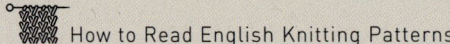 How to Read English Knitting Patterns

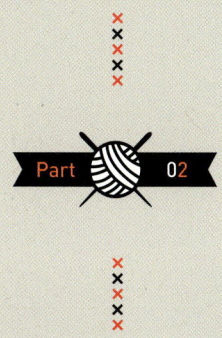

옷 뜨는
순서로 배우는
영문도안 손뜨개

옷, 솔, 인형, 양말, 장갑 등 영문도안의 범위는 넓습니다. 그중에서도 옷을 뜰 때 가장 다양하고 일반적인 약어와 용어가 쓰이기 때문에 이 책에서는 옷을 만드는 순서에 따라 영문도안 보는 법을 설명합니다.

today

How to Read English Knitting Patterns

basic stitches 기본무늬

옷을 만드는 가장 기본적인 무늬 설명을 보면서 간단한 영문도안 약어와 용어를 익힌다. 겉면과 안면은 우리나라 뜨개에서는 익숙하지 않은 용어이다. 옷을 입었을 때 겉으로 보이는 면이 겉면(RS = right side), 반대편이 안면(WS = wrong side)이다. 영문도안에서는 1번째 단이 겉면 단일 수도 안면 단일 수도 있다.

knit 겉뜨기

1 오른손 바늘을 앞에서 뒤로 왼손 바늘에 걸려있는 코 앞 가닥에 넣는다.

2 실을 오른손 바늘 왼쪽에서 오른쪽으로 감는다.

3 감은 실을 앞쪽으로 빼낸다.

4 왼손 바늘에 걸려있는 코를 빼낸다. 겉뜨기 코가 완성되었다.

purl 안뜨기

1 오른손 바늘을 뒤에서 앞으로 왼손 바늘에 걸려있는 코 앞 가닥에 넣는다.

2 오른손 바늘에 실을 오른쪽에서 왼쪽으로 감는다.

3 감은 실을 뒤쪽으로 빼낸다.

4 왼손 바늘에 걸려있는 코를 빼낸다. 안뜨기 코가 완성되었다.

Stocking Stitch / Stockinette Stitch (st st) 메리야스뜨기

Row 1: (RS) Knit.
Row 2: (WS) Purl.
Rep rows 1 and 2.

1단: (겉면) 겉뜨기.

2단: (안면) 안뜨기.

1단과 2단을 반복한다.

영문도안에서 단은 Row 1, Row 2, Row 3, 1st row, 2nd row, 3rd row 기수, 서수 두 가지로 표시하는데 이 책에서는 기수로 통일한다.

메리야스뜨기

Reverse Stocking Stitch (rev st st) 안메리야스뜨기

Row 1: (RS) Purl.
Row 2: (WS) Knit.
Rep rows 1 and 2.

1단: (겉면) 안뜨기.
2단: (안면) 겉뜨기.
1단과 2단을 반복한다.

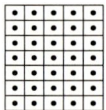

안메리야스뜨기

Garter Stitch (g st) 가터뜨기

Row 1: Knit.
Rep Row 1.

1단: 겉뜨기.
1단을 반복한다.

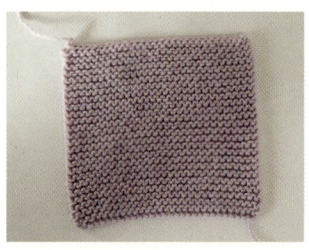
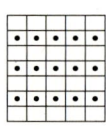

가터뜨기

+ 가터뜨기로 2단을 뜨면 올록볼록한 줄무늬가 1개 생긴다. 이것을 **garter ridge**(가터 리지)라고 부른다. 1번째 단을 떴을 때 아래에 생기는 줄무늬는 가터리지가 아니다.

Seed Stitch / Moss Stitch 멍석뜨기

Row 1 (RS): *K1, p1; rep from * to end.

Row 2 (WS): *P1, k1; rep from * to end.

Rep rows 1 and 2.

1단 (겉면): *겉1, 안1*를 단 끝까지 반복한다.

2단 (안면): *안1, 겉1*를 단 끝까지 반복한다.

1단과 2단을 반복한다.

멍석뜨기

4-Stitch Right Cable (C4B) 왼코 위 4코 꽈배기

C4B: Sl next 2 sts to cn and hold at back of work, k2 from left needle, then k2 from cn.

Cast on a multiple of 6 sts plus 2.

Row 1 (RS): P2, *k4, p2; rep from * to end.

Row 2 (WS): K2, *p4, k2; rep from * to end.

Row 3 (cable row): P2, *C4B , p2; rep from * to end.

Row 4: Rep row 2.

Rep rows 1–4.

C4B: 2코를 꽈배기바늘에 옮겨 편물 뒤에 두고, 왼손 바늘의 2코 겉뜨기, 꽈배기바늘의 2코 겉뜨기.

6의 배수에 2코를 더한 수의 코를 잡는다.

1단 (겉면): 안2, *겉4, 안2*를 단 끝까지 반복한다.

2단 (안면): 겉2, *안4, 겉2*를 단 끝까지 반복한다.

3단 (꽈배기 단): 안2, *C4B, 안2*를 단 끝까지 반복한다.

4단: 2단을 반복한다.

1-4단을 반복한다.

today

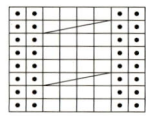

꽈배기무늬

영문도안에서 꽈배기 약어는 직관적으로 보면 된다.

C4B (4-stitch cable back) 4코를 가지고 꽈배기를 뜨는데, 꽈배기바늘에 옮긴 코를 편물 뒤로

C4F (4-stitch cable front) 4코를 가지고 꽈배기를 뜨는데, 꽈배기바늘에 옮긴 코를 편물 앞으로

RC (right cross cable) 오른쪽으로 기울어지는 꽈배기

LC (left cross cable) 왼쪽으로 기울어지는 꽈배기

---

1 × 1 Rib 1코 고무뜨기

Row 1 (RS): K1, *p1, k1; rep from * to end.
Row 2 (WS): P1, *k1, p1; rep from * to end.
Rep rows 1 and 2.

1단 (겉면): 겉1, *안1, 겉1*를 단 끝까지 반복한다.
2단 (안면): 안1, *겉1, 안1*를 단 끝까지 반복한다.
1단과 2단을 반복한다.

고무뜨기

eyelet knitting / lace knitting

아일렛뜨기 / 레이스뜨기 (바늘비우기와 모아뜨기를 이용한 무늬)

Cast on a multiple of 6 sts plus 3.

Row 1 (RS): Knit.

Row 2 and every alt row: Purl.

Row 3: Knit.

Row 5: *K4, yo, skpo: rep from* to last 3 sts, k3.

Row 7: K2, k2tog, yo, k1, yo, skpo, *k1, k2tog, yo, k1, yo, skpo: rep from* to last 2 sts, k2.

Row 9 and 11: Knit.

Row 13: k1, yo, skpo, *k4, yo, skpo : rep from* to end.

Row 15: K2, yo, skpo, k1, k2tog, yo, *k1, yo, skpo, k1, k2tog, yo: rep from* to last 2 sts, k2.

Row 16: Purl.

6의 배수에 3코를 더한 수의 코를 잡는다.

1단(겉면): 겉뜨기한다.

2단과 모든 교대의 단(즉, 짝수 단): 안뜨기한다.

3단: 겉뜨기한다.

5단: *겉4, 바늘비우기, 오른코 줄임*를 3코 남을 때까지 반복, 겉3.

7단: 겉2, 왼코 줄임, 바늘비우기, 겉1, 바늘비우기, 오른코 줄임, *겉1, 왼코 줄임, 바늘비우기, 겉1, 바늘비우기, 오른코 줄임*를 2코 남을 때까지 반복, 겉2.

9단과 11단: 겉뜨기

13단: 겉1, 바늘비우기, 오른코 줄임, *겉4, 바늘비우기, 오른코 줄임*를 단 끝까지 반복한다.

15단: 겉2, 바늘비우기, 오른코 줄임, 겉1, 왼코 줄임, 바늘비우기, *겉1, 바늘비우기, 오른코 줄임, 겉1, 왼코 줄임, 바늘비우기*를 2코 남을 때까지 반복, 겉2.

16단: 안뜨기한다.

 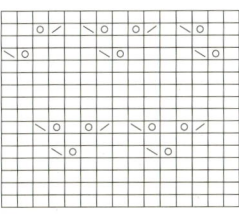

아일렛무늬뜨기 / 레이스무늬뜨기

today

yarn over (yo)
실을 바늘 위로(바늘비우기)

yarn around needle
실을 바늘에 감아

yarn forward (yf)
실을 편물 앞으로

with yarn in front (wyif)
실을 편물 앞에 두고

겉뜨기로 뜨는 중이면 위의 넷 모두 같은 결과가 된다.
코를 늘리거나 레이스 무늬를 넣는 경우라면 모두 바늘비우기라고 보아도 무방하다.

Key 기호

☐ **knit** 겉뜨기

⊡ **purl** 안뜨기

◱ **k2tog** 왼코 줄임

◲ **skpo** 오른코 줄임

◯ **yo** 바늘비우기

▱▱▱▱ **C4B** 왼코 위 4코 꽈배기

How to Read English Knitting Patterns

How to Read English Knitting Patterns

 ## cast on / bind on 코잡기

영문도안에서 일반적인 코잡기 방법은 기본 코잡기이다. 도안에 별다른 설명 없이 몇 코를 잡으라고 적혀있으면 이 방법을 이용하면 된다. 여러 가지 코잡기 방법은 스페셜 팁 01 코잡기를 참고한다.

영문도안에는 대개 여러 사이즈의 코수와 치수가 제공된다. 그중 뜨고자 하는 사이즈를 결정하고 혼선을 막기 위해 뜨는 사이즈 숫자에만 형광펜 등으로 표시해 구분한다. 작가가 모든 사이즈를 떠보고 도안을 작성하지 않기 때문에 뜨면서 옷이 잘 맞는지 확인해야 한다.

Cast on 44 (46, 48) sts with 4mm needles.
Using 4mm needles, cast on 44 (46, 48) sts.
4mm 바늘로 44 (46, 48)코 잡는다.

With smaller needles CO 56 (60, 68) sts.
더 작은 호수의 바늘로 56 (60, 68)코 잡는다.

With 3.5mm needles and knitted cast on, cast on 128 sts
3.5mm 바늘과 겉뜨기로 코잡기 방법으로 128코 잡는다.

Using longer needle and MC, CO 120 (128) sts.
더 긴 바늘과 바탕실로 120 (128)코 잡는다.

With 2 strands of MC held tog, CO 60 sts.
바탕실 두 겹을 함께 잡고, 60코 잡는다.

CO 64 sts. Join in the round being careful not to twist.
64코 잡는다. 코가 꼬이지 않도록 조심하며 원통으로 연결한다.

+ 원통뜨기일 경우 다음과 같은 표현이 자주 쓰인다.

join in the round being careful not to twist
join to begin working in the round, being careful not to twist sts
코가 꼬이지 않게 조심하며 원통으로 연결한다.

place a marker to indicate beginning of round
단 시작을 표시하는 마커를 건다.

47

today

How to Read English Knitting Patterns

 # lower hem / lower edge 밑단

편물이 말리거나 뻗치지 않도록 아래쪽에서 뜨는 단을 의미한다.

Knit 7 rows. (i.e.garter Stitch)
겉뜨기로 7단 뜬다. (즉, 가터뜨기)

Work in Seed Stitch until work measures 2 inches.
편물이 2인치가 될 때까지 멍석뜨기로 뜬다.

Work in 1×1 rib until piece measures 5cm from CO edge.
편물이 코를 잡은 가장자리에서 5cm가 될 때까지 1코 고무뜨기로 뜬다.

Beg with a knit row, work 6 rows in stockinette st.
겉뜨기 단으로 시작해서 메리야스뜨기로 6단 뜬다.
밑단이 자연스럽게 말리도록 메리야스뜨기로 처리하는 경우도 있다.

Row 1 (RS) *K3, p2; rep from * to last 3 sts, k3.
Row 2 (WS) *P3, k2; rep from * to last 3 sts, p3.
Rows 1 and 2 form 3×2 ribbing.
Rep Rows 1 and 2 four more times.
Change to larger needles.

1단 (겉면): *겉3, 안2*를 3코 남을 때까지 반복, 겉3.
2단 (안면): *안3, 겉2*를 3코 남을 때까지 반복, 안3.
1단과 2단이 3코 2코 고무뜨기가 된다.
1단과 2단을 4회 더 반복한다.
더 큰 호수의 바늘로 바꾼다.

picot hem

Cast on 52sts with provisional method.

Work in stockinette stitch 5 rows.

Next row (eyelet row): *yo, k2tog* to end.

Work in stockinette stitch 5 rows.

Unravel provisional cast on and put the stitches onto a needle.

Fold the hem up, with the worng sides facing each other.

Knit 2 together along the row, knitting one stitch from the front needle together with one stitch from the back needle.

피코 헴

풀어내는 코잡기 방법으로 52코를 잡는다.

메리야스뜨기로 5단 뜬다.

다음 단 (레이스 무늬 단): *바늘비우기, 왼코 줄임*를 단 끝까지 반복한다.

메리야스뜨기로 5단 뜬다.

처음 잡은 코를 풀어내 바늘에 옮긴다.

안면이 서로 마주 보게 밑단을 반으로 접는다.

단 끝까지 앞쪽 바늘에서 1코, 뒤쪽 바늘에서 1코를 함께 뜬다.

today

How to Read English Knitting Patterns

 ## set up row / foundation row / preparation row
세팅 단 / 무늬 배열 단

꽈배기나 바늘비우기 무늬 등 몸판에 무늬가 들어가는 경우 위에서 아래로 내려뜨는 탑다운 의류의 경우 한두 단 혹은 서너 단 무늬를 배열하는 단이 있다.

---

form 형성하다. ~가 되다.

repeat 반복하다.

as follows 다음과 같이

Row 1 (RS): Knit.
Row 2 (WS): K5, purl to last 5 sts, K5
These two rows form Stockinette St. with garter St. edge.
Repeat Rows 1 and 2.

1단 (겉면): 겉뜨기한다.
2단 (안면): 겉5, 5코 남을 때까지 안뜨기, 겉5
위의 1-2단이 가터뜨기 가장자리가 있는 메리야스뜨기 무늬가 된다.
1단과 2단을 반복한다.

Work set-up row as follows:
Set-Up Row (RS): P14, place marker(pm), p18, pm, p28, pm, p18, pm, p14.
다음과 같이 세팅 단을 뜬다.
세팅 단 (겉면): 안14, 마커 걸기, 안18, 마커 걸기, 안28, 마커 걸기, 안18, 마커 걸기, 안14.

Foundation Row 1 (RS) K14, place marker(pm), work Row 1 of Cable Chart A over 6 sts, pm, k6, pm, work Row 1 of Cable Chart B over 8 sts, pm, k6, pm, k14.
Foundation Row 2 (WS) P14, p6, work Row 2 of Cable Chart B, p6, work Row 2 of Cable Chart A, p14 slipping all markers as you come to them.
무늬 배열 1단 (겉면): 겉14, 마커 걸기, 꽈배기 차트 A의 1단 6코 뜨기, 마커 걸기, 겉6, 마커 걸기, 꽈배기 차트 B의 1단 8코 뜨기, 마커 걸기, 겉6, 마커 걸기, 겉14.
무늬 배열 2단 (안면): 마커를 만나면 오른손 바늘로 옮겨가며, 안14, 안6, 꽈배기 차트 B의 2단 뜨기, 안6, 꽈배기 차트 A의 2단 뜨기, 안14.

How to Read English Knitting Patterns

 # work even / work straight 평단

코 줄임이나 코 늘림 없이 필요한 길이까지 그대로 뜨는 것을 의미한다.

work even / work straight until~ ~까지 평단으로 뜬다.

cont in pattern as established / in patt (as set)
계속해서 (이미) 만들어진 무늬대로 뜬다.

ending with a right side(RS) / wrong side(WS) row
마지막 단이 겉면/안면 단이 되도록 끝낸다.
이 책에서 마지막 단은 마지막으로 뜨는 단을 의미한다.

Work even until back measures 13cm from cast on edge.
뒤판이 코를 잡은 가장자리에서 13cm가 될 때까지 평단으로 뜬다.

Work straight for 32cm or desired length.
평단으로 32cm 혹은 원하는 길이만큼 뜬다.

Continue in pattern until left front measures same as back.
계속해서 왼쪽 앞판이 뒤판과 같은 길이가 될 때까지 무늬대로 뜬다.

Continue to work as established, working first 4 sts in garter st and St st over remaining sts, until piece measures 35cm from beginning, end(ing) with a RS row.
계속해서 편물이 시작점에서 35cm가 될 때까지 처음 4코는 가터뜨기로 나머지 코는 메리야스뜨기로 뜨며 무늬대로 진행하는데, 마지막 단이 겉면 단이 되도록 끝낸다.

Work in patt as set, knitting first and last st of each row for edge sts until piece measures 45cm. End after a WS row.
편물이 45cm가 될 때까지 1번째 코와 마지막 코는 가장자리 코로 겉뜨기하면서 무늬대로 뜬다. 안면 단을 뜬 후에 끝낸다. (즉, 마지막 단이 안면 단이다.)

today

How to Read English Knitting Patterns

 armhole shaping 진동 코 줄임

영문도안에서는 코 줄임 방식이 대개 구체적으로 제시되지 않는다. initial bind off (처음 코 막음)은 덮어씌워 코 막음으로, 나머지 1코씩 코 줄임은 1단의 양쪽이 대칭되게 선호하는 코 줄임을 사용한다. 스페셜 팁 02의 코 줄임을 참고한다.

차트라고 표시된 예시는 차트를 참고한다. 보기 쉽도록 모든 무늬는 생략하였다.

bind off (BO) / cast off 코 막음(하다)

decrease (dec) 코 줄임(하다)

every row 매단

every other row (EOR) / every 2nd row / every alternate row / every RS(WS) row
2단에 1번씩(2번째 단마다)

every - th row -단에 1번씩(-번째 단마다)

at armhole edge / at neck edge 진동 가장자리에서 / 목 가장자리에서

drop 드롭

Bind off 3sts at the beginning of next 2 rows.
Continue in pattern until armhole measures 13cm.

다음 2단을 단 시작에서 각각 3코씩 코 막음하며 뜬다.
진동 길이가 13 cm가 될 때까지 무늬대로 계속 진행한다.

처음 코 막음을 하지 않고 그대로 떠올라가는 경우도 있다.

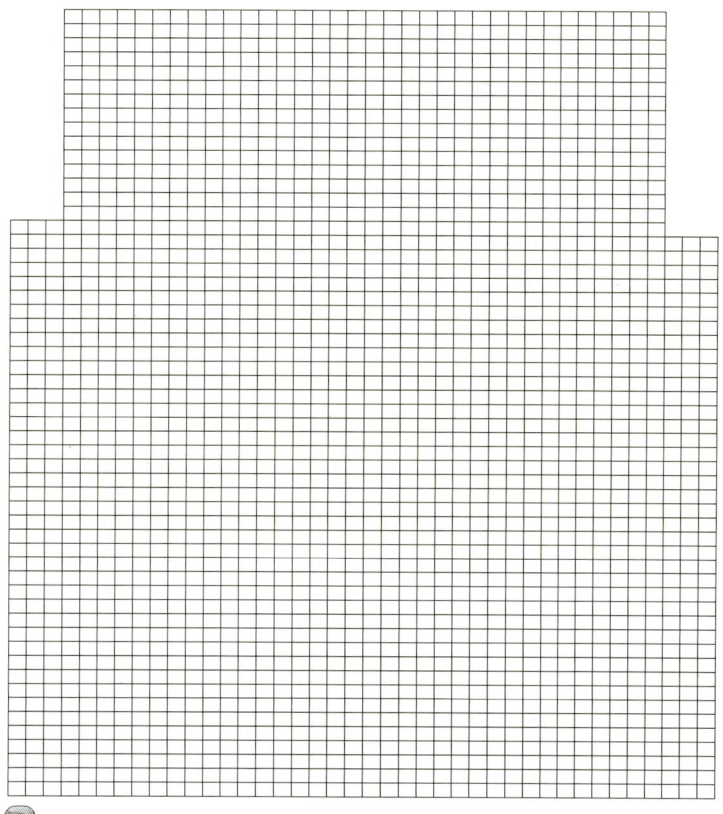

진동 코 줄임 드롭

today

set-in 셋인

Cast off 3 sts at the beginning of next 2 rows, then cast off 2 sts next 2 rows.
Dec 1 st at each end of next row, foll 2 alt rows and 1 4th row.
Work in pattern for 33 rows, ending with a WS row.

다음 2단을 단 시작에서 3코씩 그리고 이어지는 2단을 단 시작에서 2코씩 코 막음하며 뜬다.

다음 단, 이어지는 2번의 교대의 단(즉, 2번째 단마다 2번) 그리고 이어지는 4번째 단 양 끝에서 1코씩 코 줄임한다.

33단을 무늬대로 뜨는데 마지막 단이 안면 단이 되도록 끝낸다.

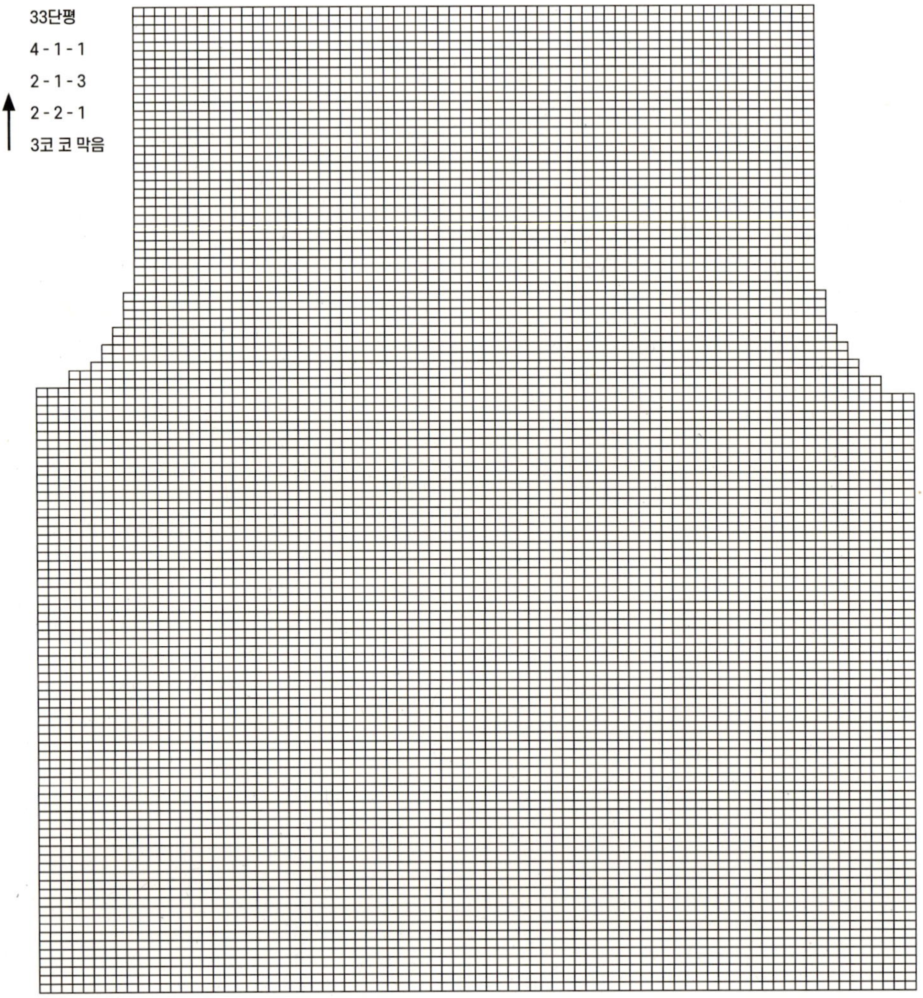

33단평
4 - 1 - 1
2 - 1 - 3
2 - 2 - 1
3코 코 막음

진동 코 줄임 셋인

Cast off 4 sts at the beginning of next 2 rows, then cast off 2 sts next 4 rows.

Next row(Dec row)(RS): k1, ssk, k to last 3 sts, k2tog, k1.

Work 3 rows even.

Rep last four rows twice.

Rep dec row once more.

Work in pattern until armhole measures 19.5cm, ending with a WS row.

다음 2단을 단 시작에서 4코씩, 이어지는 4단을 단 시작에서 2코씩 코 막음하며 뜬다.

다음 단(코 줄임 단)(겉면): 겉1, 오른코 줄임, 3코 남을 때까지 겉뜨기, 왼코 줄임, 겉1.

평단으로 3단 뜬다.

위의 마지막 4단을 2회 반복한다.

코 줄임 단을 1번 더 반복한다.

진동이 19.5cm 가 될 때까지 무늬대로 뜨는데 마지막 단이 안면 단이 되도록 끝낸다.

raglan 래글런

SHAPE RAGLAN ARMHOLES: Dec 1 st each end of row every other row until 20 sts remain

래글런 진동 코 줄임: 20코 남을 때까지 2번째 단마다 양 끝에서 1코씩 코 줄임한다.

Bind off 3 sts at the beginning of next 2 rows.
Repeat raglan decreases every other row 16 times, every 4th row twice.
Work 1 row.

다음 2단을 단 시작에서 3코씩 코 막음하며 뜬다.
래글런 코 줄임을 2번째 단마다 16회 그리고 4번째 단마다 2회 반복한다.
1단을 뜬다.

목 가장자리 / 진동 가장자리

at armhole edge 진동 가장자리에서 코 줄임하라는 지시가 간혹 나오는데 몸쪽이 아니라 진동 쪽 단 시작에서 코 줄임하라는 의미이다. 마찬가지로 neck edge 목 가장자리에서 코 줄임하라는 지시는 진동 쪽이 아니라 목 가장자리 쪽 단 시작에서 코 줄임하라는 의미이다.

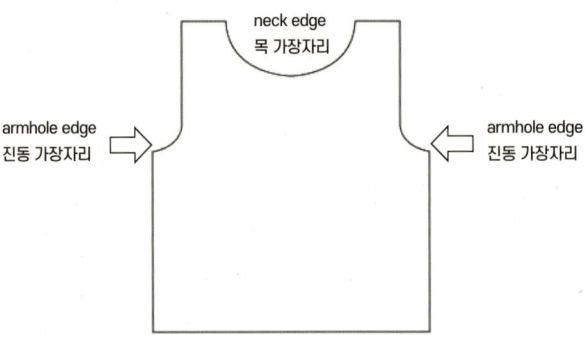

How to Read English Knitting Patterns

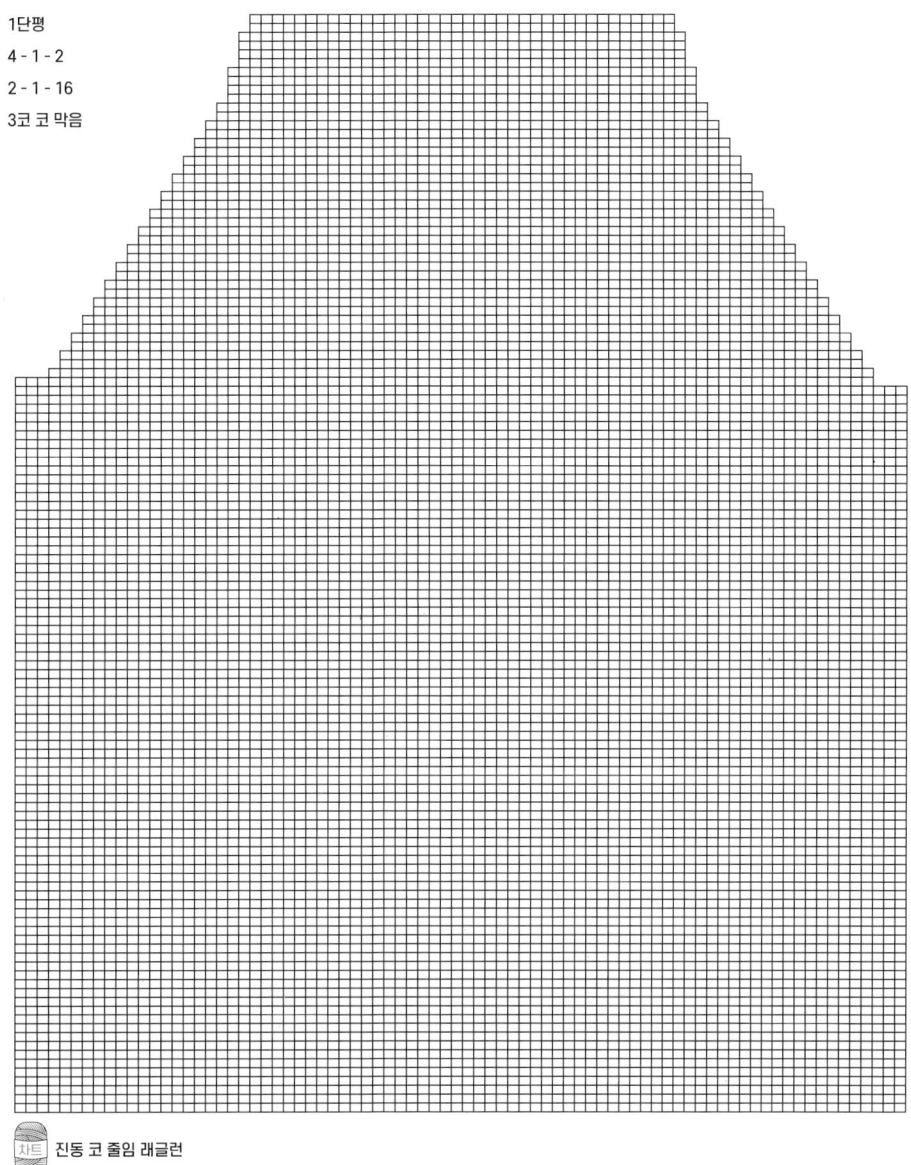

1단평
4 - 1 - 2
2 - 1 - 16
3코 코 막음

차트 진동 코 줄임 래글런

today

How to Read English Knitting Patterns

 # neck shaping 앞목/뒷목 코 줄임

몸판에서 진동을 지나 뜨개를 하다가 네크라인을 만들려면 중심코는 코 막음하고 양 쪽을 따로따로 떠야한다. 이때 한쪽을 뜬 후에 다른 한쪽을 뜨거나 양 쪽에 실 두 개를 각각 달고 동시에 진행할 수도 있다.

round neck 라운드 넥

K9 sts, bind off next 14 sts, k to end.
Now work each side of neck separately.
Dec 1 st at neck edge every other row 3 times.
Join a new ball and repeat neck shaping as above for left side.
Work until same length as Back to shoulders.

겉9, 다음 14코 코 막음, 단 끝까지 겉뜨기.
지금부터 양쪽 목을 따로 뜬다.
2번째 단마다 목 가장자리에서 1코씩 코 줄임을 3회 반복한다.
왼쪽 목에 새 실을 연결해 위와 동일하게 목 코 줄임을 반복한다.
뒤판 어깨와 같은 길이가 될 때까지 뜬다.

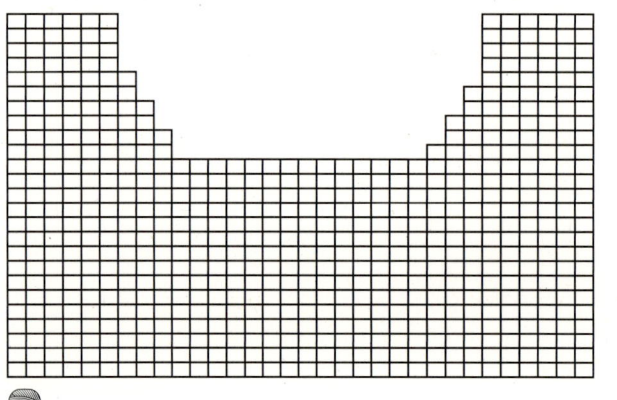

앞목 코 줄임 라운드

Next row: K15 for left shoulder, bind off 21 sts knitwise for neck, K 15 sts for right shoulder.
Working on right shoulder sts only, bind off 2 sts once, 1 st once at the beginning of RS row.

다음 단: 겉 15 - 왼쪽 어깨, 겉뜨기하면서 21코 코 막음 - 목, 겉15 - 오른쪽 어깨.

오른쪽 어깨 코로만 뜨며, 겉면 단 시작에서, 2코 코 막음 1회, 1코 코 막음 1회.

V neck 브이넥

Shape Front Neck:

Keeping to Cable Pattern, decrease 1 stitch at front neck edge on this row, then every 6th row 15 times more.

At the same time, when front measures same length as back to underarm, end ready for a right side row.

앞목 코 줄임:

꽈배기 무늬를 유지하며, 이번 단 앞목 가장자리에서 1코 코 줄임하고, 6번째 단마다 15회 더 코 줄임한다.

이와 동시에 앞판이 뒤판의 진동과 길이가 같아지면, 겉면 단을 뜰 준비가 된 상태로 끝낸다. (즉, 마지막 단이 안면 단)

When the piece measures 24cm knit 2 rows 2×2 rib over the center 10 sts (remaining sts knit as before).

Then put 36 sts from one side on a st holder = 36 sts remain on needles.

Continue in stockinette st, keeping the 10 sts at the neck edge in 2×2 rib (= front band), and dec for V-neck inside the 10 sts in 2×2 rib.

dec 1 st every 6 rows 3 times and then every 8 rows 3 times.

편물이 24cm가 되면 중심의 10코를 2코 고무뜨기로 2단 뜬다. (남은 코는 이전과 같이 뜬다.)

그다음 한쪽 36코를 안전핀으로 옮긴다. = 바늘에 36코 남음.

계속해서 메리야스뜨기로 목 가장자리의 10코는 2코 고무뜨기(=앞 단)로 뜨고 그 10코 안에서 브이넥 코 줄임을 시작한다.

6번째 단마다 1코씩 3회, 8번째 단마다 1코씩 3회 코 줄임한다.

Front

Work as for back, including all shaping,

and, at the same time when piece meas 18cm

Begin Neck Shaping

Work to center, attach another ball of yarn and complete row.

Turn.

Work both sides at once.

Dec 1 st at each neck edge every row 7 times, then every 2nd row twice.

Cont in pat st until piece meas 24.5cm from start.

앞판

모든 코 줄임과 코 늘림을 포함하여 뒤판과 동일하게 뜬다.

그리고 이와 동시에 편물이 18cm가 되면

앞목 코 줄임을 시작

(앞판) 중심까지 뜨고 새 실을 연결해 단 끝까지 뜬다.

편물을 돌린다.

양쪽을 동시에 뜬다. (양쪽 각각의 실을 사용한다.)

매 단마다 목 가장자리에서 1코씩 7회, 2번째 단마다 2회 코 줄임한다.

계속해서 편물이 시작점에서 24.5cm가 될 때까지 무늬대로 뜬다.

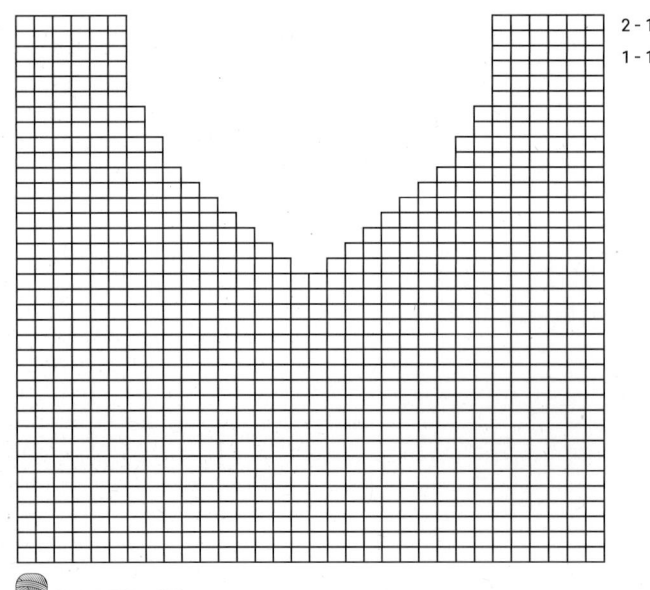

앞목 코 줄임 브이넥

2-1-2
1-1-7

How to Read English Knitting Patterns

shoulder shaping 어깨 경사

영문도안에서 어깨 경사는 대부분 코 막음으로 만든다. 코 막음한 가장자리를 돗바늘로 잇는다. 경사뜨기를 하거나 코 막음을 하지 않고 어깨코가 살아있으면 three needles bind off 나 grafting (kitchener stitch)를 이용한다. 스페셜 팁 04의 시접 잇기를 참고한다.

경사를 만들지 않고 그냥 코 막음하기

Bind off 9 sts for shoulder.

어깨 9코를 코 막음한다.

코막음 경사 만들기

Bind off 3 sts at the beg of next 4 rows. Bind off remaining sts.

다음 4단을 단 시작에서 3코씩 코 막음하며 뜬다. 남은 코를 코 막음한다.

랩앤턴 경사 만들기

Knit to last 3 sts, W&T, purl to end.
Knit to last 6 sts, W&T, purl to end.
Knit across picking up wraps to prevent holes.

3코 남을 때까지 겉뜨기, 랩앤턴, 단 끝까지 안뜨기.
6코 남을 때까지 겉뜨기, 랩앤턴, 단 끝까지 안뜨기.
구멍이 생기지 않게 랩앤턴 코를 정리하며 단 끝까지 겉뜨기한다.

today

How to Read English Knitting Patterns

 # sleeve shaping & cap shaping
소매 코 늘림 & 소매산 코 줄임

대부분의 경우 소매 코를 잡아 진동까지 단 양쪽 끝에서 코 늘림하고 진동에서 한꺼번에 코 막음하거나 모양을 내 코 줄임한다. 코 늘림, 코 줄임 방법을 구체적으로 설명하지 않는 경우가 많다. 양쪽의 모양이 대칭되도록 선호하는 방식으로 진행하면 된다. 스페셜 팁 02 코 늘림과 코 줄임을 참고한다.

evenly acrossed / evenly spaced
고르게 분배해 (1단에서 여러 코를 한꺼번에 늘리거나 줄일 때)

every _th row _번째 단마다

working increases into pattern / increased sts into pattern (inc sts into pat)
늘어난 코는 무늬에 포함시키며

drop 드롭 소매의 경우

With 3mm needles CO 45sts.
Work in ribbing of K 1, P 1, for 12 rows.
Change to size 3.5mm needles increasing 1 st at each end every 4th rows to 53 sts.
Work even in stockinette st until piece measures 15cm or desired length ending with WS row.
Bind off.

3mm 바늘로 45코 잡는다.
겉1, 안1 즉, 1코 고무뜨기로 12단 뜬다.
3.5mm 바늘로 바꿔 53코가 될 때까지 4번째 단마다 양 끝에서 1코씩 코 늘림한다.
편물이 15cm 혹은 원하는 길이가 될 때까지 평단으로 메리야스뜨기하는데 마지막 단이 안면 단이 되도록 끝낸다.
코 막음한다.

How to Read English Knitting Patterns

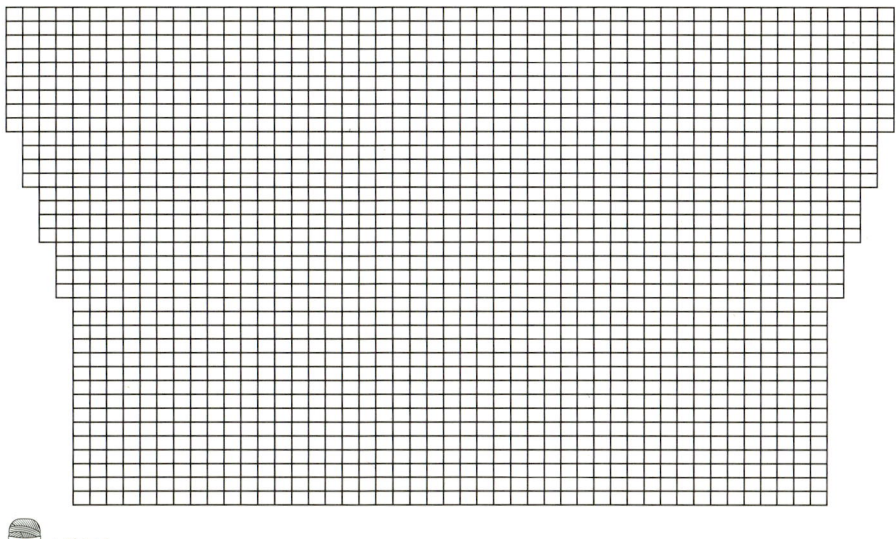

차트 소매 드롭

set-in sleeve 셋인 소매의 경우

With the 3.5mm needles cast on 44 sts and work in ribbing of k 2, p 2 for 3cm.

Now change to the 4mm needles and start the ribbing as follows.

Row 1: * P 2, k 4, repeat from * across row, ending with p 2.

Row 2: * k 2, p 4, repeat from * across row, ending with k 2.

Work in ribbing, increase 1 stitch at each side of the work every 2.5cm until there are 58 sts on the needle.

Work even until the sleeve measures 29cm in all, or as long as you need up to the underarm.

UNDERARM AND CAP SHAPING:

Bind off 4 sts at the beginning of the next 2 rows.

Decrease 1 stitch at each side of the work every other row 14 times.

Bind off 2 sts at the beginning of the next 6 rows.

Bind off all sts.

3.5mm 바늘로 44코를 잡아 겉2, 안2 즉, 2코 고무뜨기로 3cm 뜬다.

4mm 바늘로 바꿔 다음과 같이 고무뜨기를 시작한다.

1단: *안2, 겉4*를 반복하는데 안2로 끝낸다.

2단: *겉2, 안4*를 반복하는데 겉2로 끝낸다.

고무뜨기로 뜨는데 바늘에 58코가 생길 때까지 2.5cm마다 양 끝에서 1코씩 코 늘림한다.

소매가 총 29cm가 될 때까지 혹은 진동이 필요한 길이가 될 때까지 평단으로 뜬다.

진동과 소매산 코 줄임:

다음 2단을 단 시작에서 4코씩 코 막음하며 뜬다.

2번째 단마다 양 끝에서 1코씩 14회 코 줄임한다.

다음 6단을 단 시작에서 2코씩 코 막음하며 뜬다.

모든 코를 코 막음한다. 차트

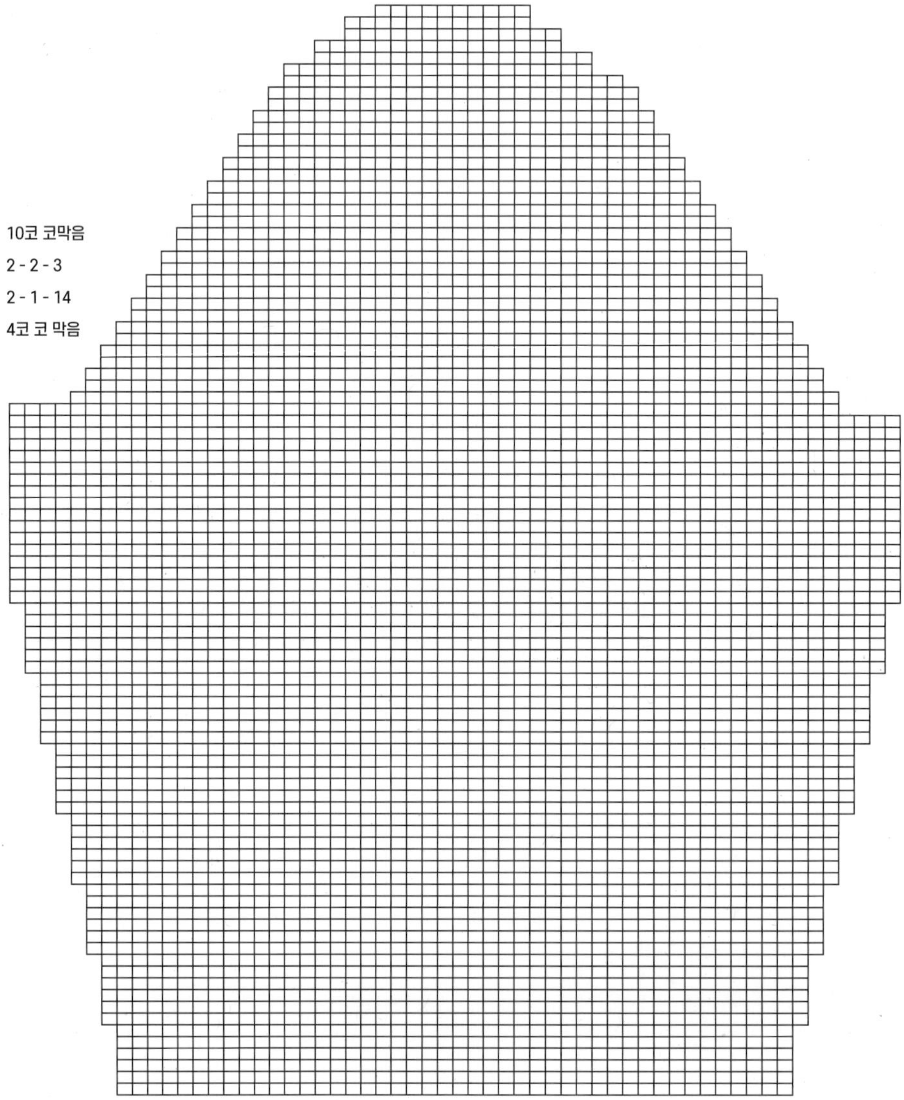
10코 코막음
2 - 2 - 3
2 - 1 - 14
4코 코 막음

차트 소매 셋인

With 4mm needles cast on 30 sts.

Work 5cm in (K2. P2) ribbing as given for Back, inc 1 st in center of last row. 31 sts.

Change to 4.5mm needles and work Chart in stocking st reading knit rows from right to left and purl rows from left to right, noting side incs on 5th row of chart and following 6th rows until there are 45 sts.

Cont even working from chart until chart is complete.

Shape raglans: Keeping cont of chart, cast off 2 sts beg next 2 rows. 41 sts.

Next row: (RS). K1. K2tog. Work chart to last 3 sts. ssk. K1.

Next row: P1. P2togtbl. Work chart to last 3 sts. P2tog. P1.

Next row: As 1st row.

Next row: Work even from chart.

Next row: (RS). K1. K2tog. Work chart to last 3 sts. ssk. K1.

Next row: Work even from chart.

Rep last 2 rows 13 times more. 7 sts.

Cast off.

4mm 바늘로 30코 잡는다.

뒤판과 동일하게 겉2, 안2 즉, 2코 고무뜨기로 5cm 뜨는데 마지막 단 중심에서 1코 코 늘림한다. 총 31코.

4.5mm 바늘로 바꿔 메리야스뜨기로 겉뜨기 단은 오른쪽에서 왼쪽으로 안뜨기 단은 왼쪽에서 오른쪽으로 차트대로 뜨는데 총 45코가 될 때까지 차트 5번째 단 그리고 이어지는 6번째 단 양 끝에서 코 늘림 하는 것을 주의한다.

계속해서 차트가 완성될 때까지 차트대로 평단으로 뜬다.

래글런 코 줄임: 차트대로 뜨면서 다음 2단을 단 시작에서 2코씩 코 막음하며 뜬다. 총 41코.

다음 단(겉면): 겉1, 왼코 줄임, 3코 남을 때까지 차트대로 뜨기, 오른코 줄임, 겉1.

다음 단: 안1, 꼬아서 안뜨기로 2코 모아뜨기, 3코 남을 때까지 차트대로 뜨기, 안뜨기로 2코 모아뜨기, 안1.

다음 단: 1단과 동일하게 뜬다.

다음 단: 차트대로 평단으로 뜬다.

다음 단(겉면): 겉1, 왼코 줄임, 3코 남을 때까지 차트대로 뜨기, 오른코 줄임, 겉1.

다음 단: 차트대로 평단으로 뜬다.

위의 마지막 2단을 13회 더 반복한다. 총 7코.

코 막음한다.

raglan 래글런 소매의 경우

With smaller needles, cast on 31 sts.

Work same as body for 6cm.

Next row (Inc): Increase 3 sts evenly across the row.

Sleeve Shaping

Using larger needle, work one RS row.

Begin sleeve shaping:

Inc 1 st on each side every 6th row 10 times.

Continue in pat st until piece meas 42cm.

Cap Shaping

Bind off 6 sts at the beginning of next 2 rows.

On the next right side row, dec 1 st each side,

then dec 1 st each side every 2nd row 17 times.

Dec 1 st each side every 4th row twice.

Bind off 2 sts.

더 작은 호수의 바늘로 31코를 잡는다.

몸판과 동일하게 6cm 뜬다.

다음 단(코 늘림): 고르게 분배해 3코 코 늘림한다.

소매 코 늘림

더 큰 호수의 바늘로 겉면 단 1단 뜬다.

소매 코 늘림 시작:

6번째 단마다 양 끝에서 1코씩 10회 코 늘림한다.

편물이 42cm 될 때까지 무늬대로 진행한다.

소매산 코 줄임

다음 2단을 단 시작에서 6코씩 코 막음하며 뜬다.

다음 겉면 단 양 끝에서 1코씩,

그리고 2번째 단마다 양 끝에서 1코씩 17회 코 줄임한다.

4번째 단마다 양 끝에서 1코씩 2회 코 줄임한다.

2코 코 막음한다.

How to Read English Knitting Patterns

2코 코막음
4 - 1 - 2
2 - 1 - 18
6코 코막음

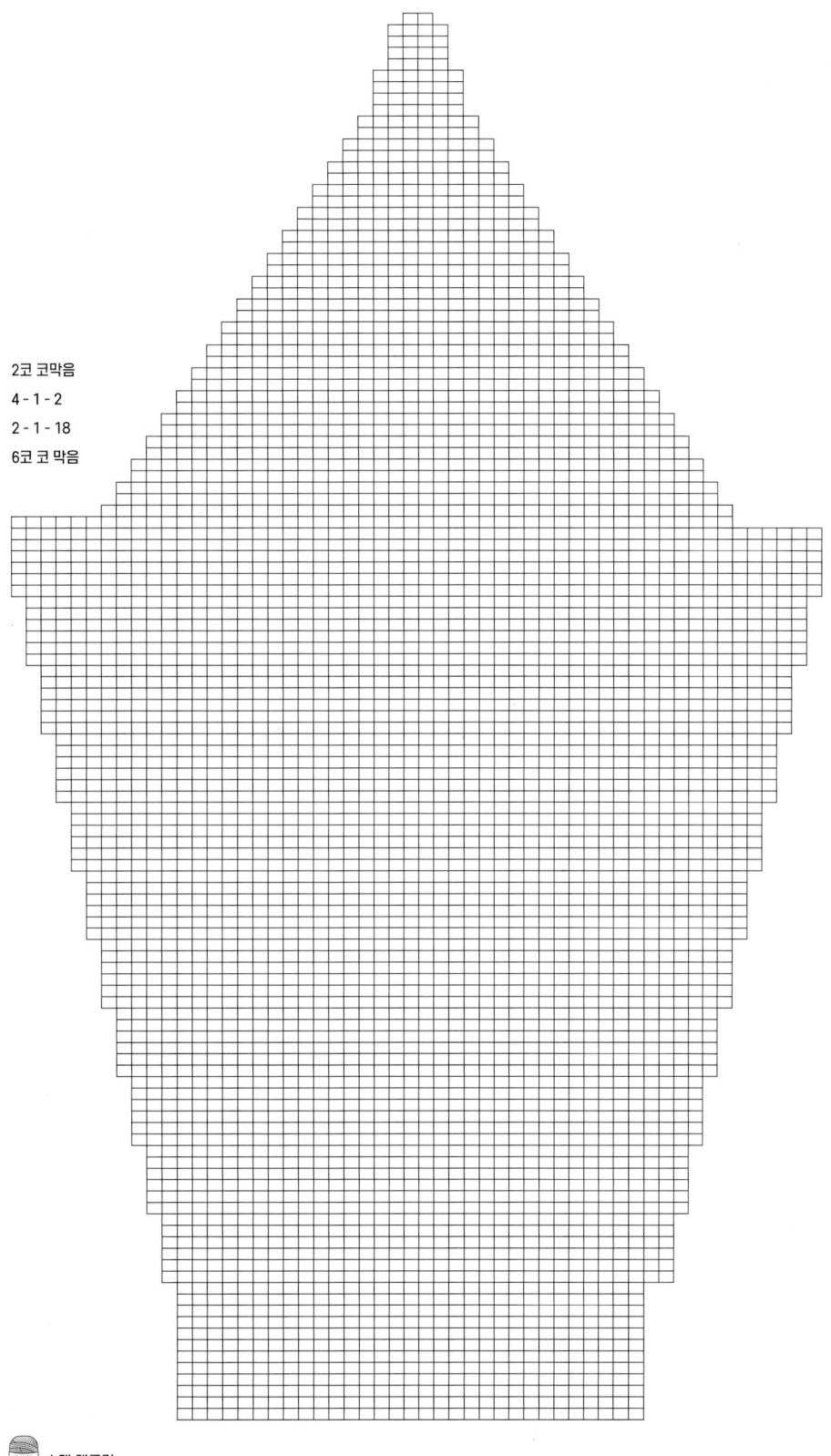

소매 래글런

top-down 탑다운 소매의 경우

아래에서 위로 뜨는(바텀업) 소매와 반대로 코를 줄이며 진행한다.

Put sleeve sts back on to a short circular needle or dpns.
Pick up and knit 10 sts in sts cast on at underarm,
placing marker to indicate beginning of round at the center of the cast on sts.
Next round (dec): k2tog, k to 2 sts before m, ssk.
Knit 8 rnds.
Repeat last 9 rounds 5 times.
Work 4 rounds even.
Change to smaller needle and work in 1×1 ribbing for 8 rounds.
When sleeve measures approx 42cm, BO loosely.

(쉼코로 두었던) 소매 코를 짧은 줄바늘이나 장갑바늘로 옮긴다.

진동에서 잡은 코에서 10코를 줍는데

단 시작을 표시하기 위해 진동 코 중심에 마커를 건다.

다음 단(코 줄임 단): 왼코 줄임, 마커 2코 전까지 겉뜨기, 오른코 줄임.

겉뜨기로 8단 뜬다.

위의 마지막 9단을 5회 반복한다.

4단 평단으로 뜬다.

더 작은 호수의 바늘로 바꿔 1코 고무뜨기로 8단 뜬다.

소매가 약 42cm가 되면 느슨하게 코 막음한다.

finishing / to finish / to make up 마무리

마무리하는 법을 구체적으로 설명하지 않는 영문도안이 많다. 상황에 따라 선호하는 방식으로 마무리하면 된다. 스페셜 팁 04 시접 잇기, 스페셜 팁 05 코줍기를 참고한다.

with right side(RS) facing / with wrong side(WS) facing
편물의 겉면을 보면서 / 편물의 안면을 보면서

begin at lower edge 아래쪽 단 끝에서 시작해 (코를 줍는다.)

pick up and knit 코를 줍다.

pick up 3 sts every 4 rows - 4단에서 3코씩 줍는다.

neck band 목 단

front band 앞 단

bind off / cast off 코 막음하다.

knitwise 겉뜨기하면서

purlwise 안뜨기하면서

in rib 고무뜨기하면서

in pattern 무늬대로 뜨면서

as they appear 눈에 보이는 대로 (즉, 겉뜨기 코는 겉뜨기로, 안뜨기 코는 안뜨기로)

sew sleeves into armholes 소매를 진동에 연결하기

weave in ends / sew in ends / weave yarn tails 실 정리하기

steam block / wet block 스팀 블로킹하기 / 세탁 블로킹하기

앞 단을 뜨지 않는 카디건의 경우

Join sleeve seam. Set in sleeve, matching the center of the sleeve to the shoulder seam.
Sew buttons onto left front opposite buttonholes.
Press lightly according to the instructions on the ball band.

어깨솔기를 잇는다. 소매의 중심을 어깨솔기에 맞춰 소매를 몸판의 진동에 꿰맨다.

단춧구멍 반대쪽 왼쪽 앞판에 단추를 단다.

실 띠지에 적힌 지시사항을 참고하여 가볍게 다림질한다.

코를 주워 앞 단을 뜨는 카디건의 경우

Sew shoulder seams.
Front band/Neck band
With right side facing and 4mm needles, pick up and knit 187 sts from right front lower edge to left front lower edge. (3 stitches for every 4 rows in straight section and 1 stitch for every row in the shaped section)
Work in ribbing of K1, P1 for 7 rows. Bind off in rib.

어깨솔기를 잇는다.

앞 단/목 단

편물의 겉면을 보면서 4mm 바늘로 오른쪽 앞판 밑단에서 왼쪽 앞판 밑단까지187코를 줍는데 직선 부분에서는 4단에서 3코씩, 곡선 부분에서는 매 단마다 1코씩 줍는다.

겉1, 안1 즉, 1코 고무뜨기로 7단 뜬다. 고무뜨기하면서 코 막음한다.

심리스 혹은 탑다운 의류의 경우

Graft underarms, weave in all ends, wet block to given measurements.

진동의 (살아있는) 코를 메리야스 잇기로 연결하고 실 정리를 한다. 주어진 치수에 맞게 세탁 블로킹한다.

Close any holes in the underarms, weave in loose ends. Steam block lightly.

진동에 구멍이 있으면 메꾸고, 실 정리를 한다. 가볍게 스팀 블로킹한다.

Thread a needle with yarn tail at underarm, and stitch up any gap.

진동에 구멍이 있으면 실을 꿰어 몇 땀 꿰맨다.

How to Read English Knitting Patterns

스페셜 팁. 01

cast on / bind on 코잡기

slip knot 시작 고리

코를 만들기 전에 첫 코 만드는 것을 의미한다.

1 긴 가닥(볼에 걸려있는 실)을 위로 놓고 고리를 만든다.

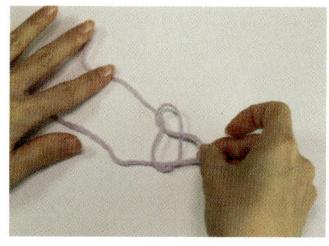

2 긴 가닥을 고리 사이로 통과시킨다.

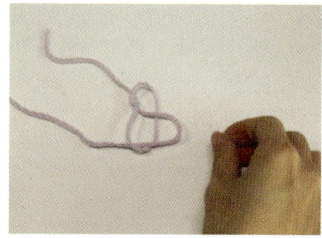

3 새로운 고리가 만들어진다.

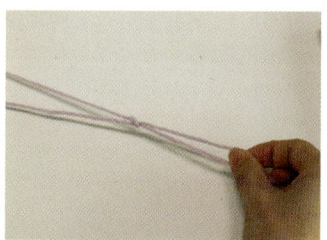

4 새로운 고리를 잡아당긴다.

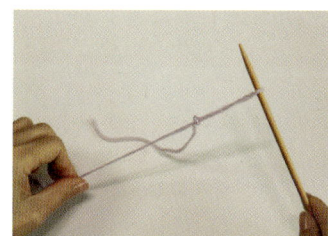

5 고리를 바늘에 걸고 긴 가닥을 잡아당긴다.

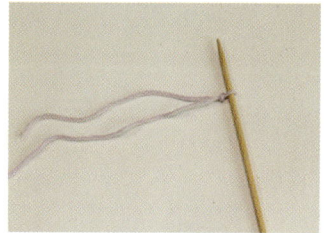

6 첫 코가 만들어지고 코잡기 할 준비가 되었다.

long tail cast on 기본 코 만들기 / 일반 코잡기

가장 다양한 경우에 쓰이고 탄성이 좋다. 필요한 너비의 약 3배 길이를 남기고 시작 고리를 만든다.

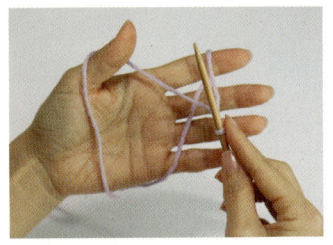

1 짧은 가닥은 엄지에 걸고 볼(ball)에 연결된 긴 가닥은 검지에 건다.

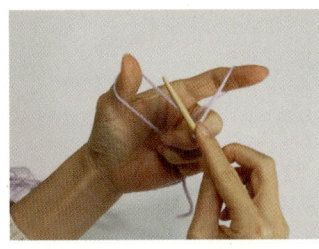

2 남은 손가락으로 두 가닥을 잡는다.

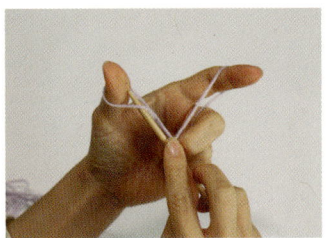

3 왼쪽 고리에 바늘을 아래에서 위로 넣는다.

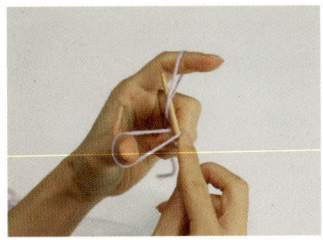

4 오른쪽 고리에 바늘을 위에서 아래로 넣는다.

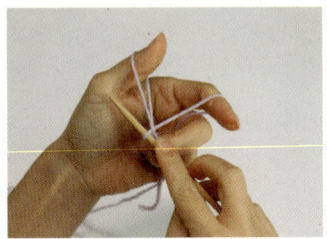

5 바늘을 왼쪽 고리에 위에서 아래로 통과시킨다.

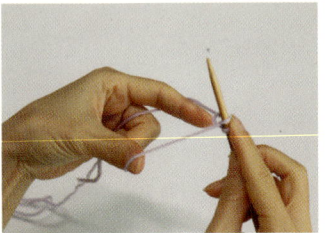

6 엄지와 검지에서 실을 빼내고 실을 잡아당겨 코를 완성한다.

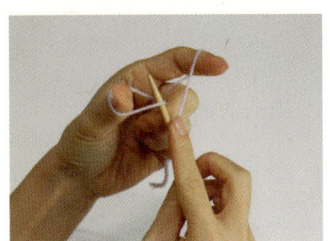

7 필요한 코수가 될 때까지 3~6번 과정을 반복한다.

cable cast on 케이블 코잡기

단단한 가장자리를 만들거나 뜨는 도중에 코를 만들어야 할 때 많이 사용하는 방법이다.

1 시작 고리를 만들고 겉뜨기하는 것처럼 오른손 바늘을 넣는다.

2 겉뜨기하는 것처럼 실을 감는다.

3 감은 실을 빼낸다. 왼손 바늘의 첫 코는 빼지 않고 둔다.

4 오른손 바늘에 새로 생긴 코 아래에서 위로 왼손 바늘을 넣는다.

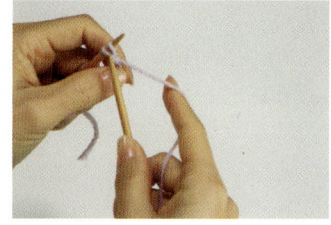

5 왼손 바늘로 옮긴다.

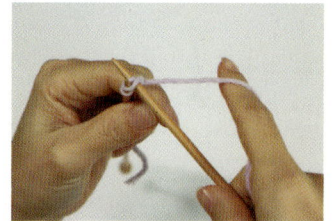

6 왼손 바늘 1번째 코와 2번째 코 사이에 오른손 바늘을 넣는다.

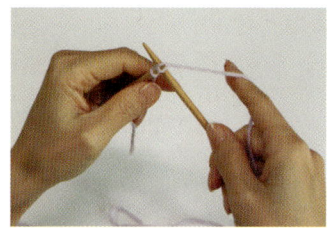

7 겉뜨기하는 것처럼 실을 감는다.

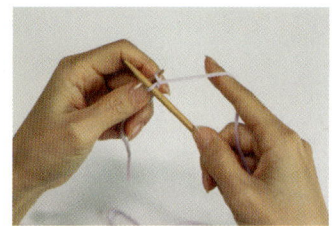

8 감은 실을 빼낸다.

9 왼손 바늘 첫 코는 빼지 않고 둔다.

10 오른손 바늘에 새로 생긴 코 아래에서 위로 왼손 바늘을 넣는다.

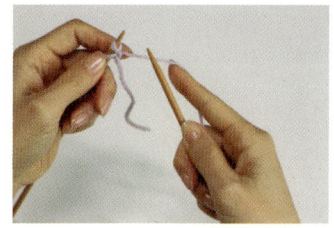

11 왼손 바늘로 옮긴다. 필요한 코수가 될 때까지 6~11번 과정을 반복한다.

knitted cast on 겉뜨기로 코잡기

다양한 경우에 쓰이며 뜨는 도중에 코를 만들어야 할 때 많이 쓰인다.

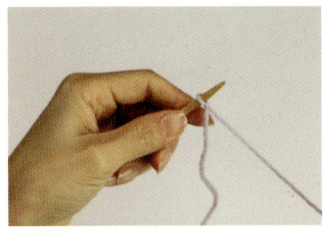

1 시작 고리를 만들어 왼손 바늘에 건다.

2 겉뜨기하듯이 오른손 바늘을 넣는다.

3 겉뜨기하듯이 실을 감는다.

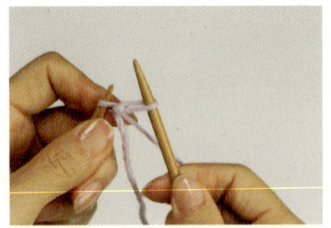

4 감은 실을 빼낸다.

5 오른손 바늘에 새로 생긴 코 아래에서 위로 왼손 바늘을 넣는다.

6 왼손 바늘에 옮긴다.

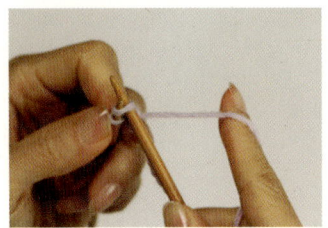

7 왼손 바늘 1번째 코에 겉뜨기하듯이 오른손 바늘을 넣는다.

8 실을 감는다.

9 감은 실을 빼낸다.

10 다시 왼손 바늘에 옮긴다. 필요한 코수가 될 때까지 7~10번 과정을 반복한다.

crochet provisional cast on 코바늘로 풀어내는 코잡기

다 뜬 후 코를 잡은 가장자리에서 별실을 풀어 추가로 더 뜨거나 단을 뜨는 경우 많이 이용하는 방법이다. 별실로 사슬을 만들고 진행할 실로 뒷산에서 코를 줍는다.

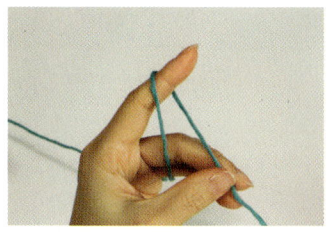

1 사진과 같이 실과 바늘을 잡는다.

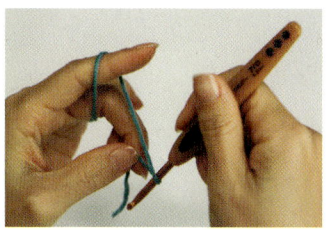

2 뒤쪽에서 실을 걸어 아래로 내려 오른쪽으로 바늘을 돌린다.

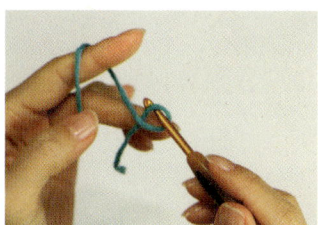

3 고리가 하나 생겼다.

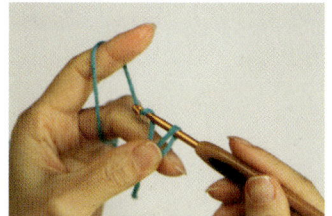

4 바늘에 실을 건다.

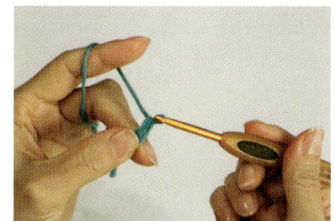

5 고리 사이로 통과한다.

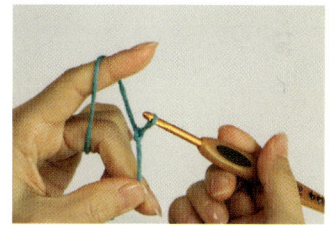

6 아래쪽 짧은 가닥을 잡아당겨 시작 고리를 만든다.

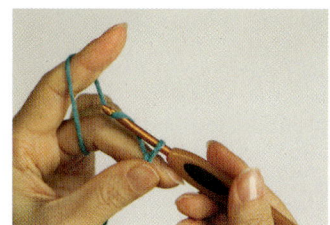

7 바늘에 실을 건다.

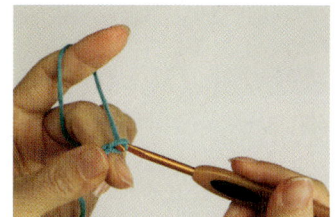

8 고리 사이로 빼낸다.

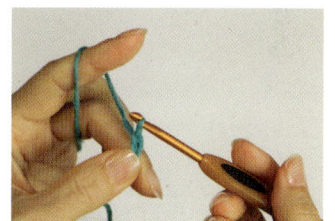

9 사슬 1코가 만들어졌다.

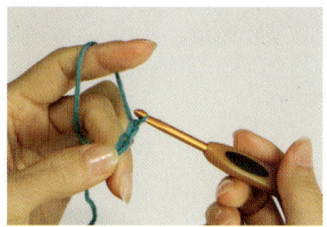

10 필요한 코수가 될 때까지 7~8번 과정을 반복한다.

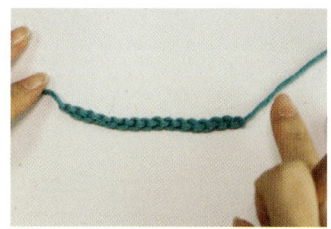

11 필요한 만큼 사슬을 만들고 뒤집는다.

today

12 사슬의 V자 모양이 아닌 뒷산에 바늘을 넣는다.

13 겉뜨기하듯이 실을 감는다.

14 감은 실을 빼낸다.

15 다음 사슬 뒷산에 바늘을 넣는다.

16 겉뜨기하듯이 실을 감아 빼낸다.

17 3번째 사슬 뒷산에 바늘을 넣어 겉뜨기하듯 실을 감아 빼낸다.

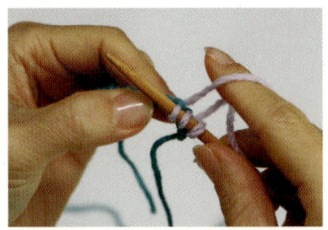

18 3코가 만들어진 모습이다.

backward loop cast on 감아 코잡기 / 손가락 걸기 코잡기

신축성 있는 느슨한 가장자리가 필요할 때, 그리고 뜨는 도중에 코를 만들어야 할 때 사용하는 방법이다.

1 시작 고리를 만들어 바늘에 걸고 긴 가닥을 왼손에 건다.

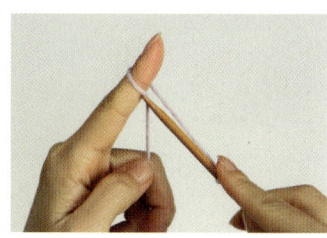

2 바늘을 왼쪽에서 오른쪽으로 넣는다.

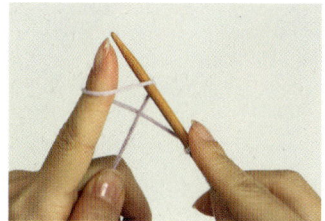

3 고리 안으로 바늘을 넣는다.

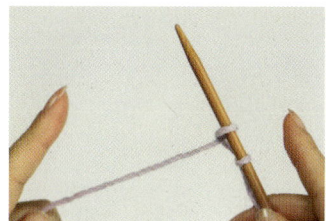

4 손가락을 뺀다.

5 필요한 코수가 될 때까지 2~4번 과정을 반복한다.

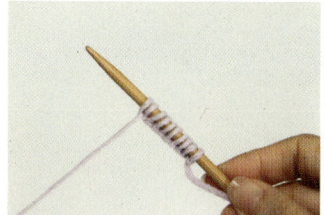

6 10코가 만들어진 모습.

today

 스페셜 팁. 02

increase & decrease 코 늘림 & 코 줄임

코 늘림과 코 줄임을 이용해 모양을 만드는 것을 shaping이라고 한다.
waist shaping, armhole shaping, neck shaping, shoulder shaping 등의 표현이 있다.

kfb = knit front & back
손쉽게 코 늘림 할 수 있어 많이 쓰이는 방법이다.

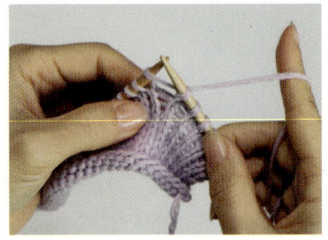

1 겉뜨기하듯이 바늘을 넣어 실을 감아 빼내는데 왼손 바늘의 코는 빼지 않는다.

2 왼손 바늘 코 뒤 가닥에 바늘을 넣는다.

3 겉뜨기하듯이 실을 감는다.

4 감은 실을 빼내고 왼손 바늘 코도 바늘에서 뺀다.

5 kfb 코 늘림이 완성되었다. 1코가 2코가 된다.

bar increase

코와 코 사이 가로줄을 바(bar)라고 부른다. 코와 상관없이 바를 들어 올려 코 늘림한다. 만들어진 코의 기울어진 방향에 따라 m1l, m1r로 부른다.

m1l = make 1 left

m1 = make 1 : m1 코 늘림은 m1l 코 늘림과 같은 의미이다.

1 코와 코 사이의 연결된 실가닥 (bar 바)를 앞에서 들어 올린다.

2 오른손 바늘을 뒤 가닥에 넣어 겉뜨기한다.

3 m1l 코 늘림이 완성되었다. 만들어진 코 모양이 왼쪽으로 기울어진다.

today

m1r = make 1 right

1 코와 코 사이의 바를 뒤에서 들어 올린다.

2 오른손 바늘을 앞 가닥에 넣어 겉뜨기한다.

3 m1r 코 늘림이 완성되었다. 만들어진 코 모양이 오른쪽으로 기울어진다.

lifted increase / raised increase

코의 right leg, left leg를 들어 올려 코 늘림을 하는 방법이다.

rli = right lifted increase 오른코 늘림

1 오른손 바늘로 코의 오른쪽 다리(right leg)를 들어 올려 왼손바늘에 걸어 겉뜨기한다.

2 오른쪽 다리를 겉뜨기한 상태로 왼손 바늘 코도 겉뜨기한다.

3 rli 코 늘림이 완성되었다.

lli = left lifted increase 왼코 늘림

1 왼손 바늘로 오른손 바늘 코의 1단 아래 왼쪽 다리(left leg)를 들어 올려 왼손 바늘에 건다.

2 겉뜨기한다.

3 lli 코 늘림이 완성되었다.

k2tog, skpo, ssk

2코를 모아 코 줄임하는 방식이다.

k2tog = knit 2 sts together 왼코 줄임, 2코 모아뜨기

1 오른손 바늘을 왼손 바늘 2번째 코에 댄다.

2 2코를 한꺼번에 넣는다.

3 실을 감아 겉뜨기한다.

4 왼코 줄임이 완성되었다.

today

skpo = slip, knit, pass slip stitch over 오른코 줄임

1 1코를 걸러뜨기한다.   **2** 다음 코를 겉뜨기한다.   **3** 걸러뜨기한 코를 겉뜨기한 코 위로 덮어씌운다.

4 오른코 줄임이 완성되었다.

ssk = slip, slip, knit 오른코 줄임

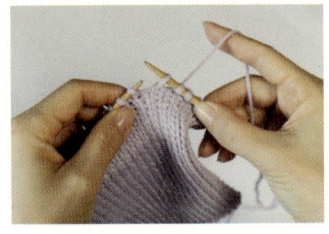  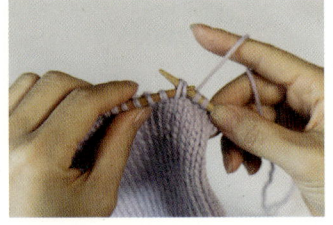

1 겉뜨기하듯이 1코를 걸러뜨기한다.   **2** 다음 코도 겉뜨기하듯이 걸러뜨기한다.   **3** 왼손 바늘을 걸러뜨기한 2코 앞으로 넣는다.

4 겉뜨기하듯이 실을 감는다.   **5** 감은 실을 빼낸다.   **6** 오른코 줄임이 완성되었다.

k3tog, s2kpo, sk2po

3코를 모아 한 번에 2코를 코 줄임하는 방법이다.

k3tog = knit 3 sts together 왼코 중심 3코 모아뜨기

1 오른손 바늘을 왼손 바늘의 3번째 코에 댄다.

2 3코를 한꺼번에 겉뜨기한다.

3 왼코 중심 3코 모아뜨기가 완성되었다.

s2kpo = slip 2 sts together, knit, pass slip stitch over 중심 3코 모아뜨기

1 오른손 바늘을 왼손 바늘 2번째 코에 댄다

2 2코를 한꺼번에 걸러뜨기한다.

today

3 다음 코에 바늘을 넣는다.

4 실을 감는다.

5 겉뜨기한다.

6 겉뜨기까지 끝낸 모습.

7 걸러뜨기한 2코를 겉뜨기한 코 위로 덮어씌운다.

8 중심 3코 모아뜨기가 완성되었다.

sk2po = slip 1, knit 2 sts together, pass slip stitch over 오른코 중심 3코 모아뜨기

1 왼손 바늘의 1번째 코를 걸러 뜨기한다.

2 다음 2코를 한꺼번에 실을 감는다.

3 감은 실을 빼낸다.

4 2코를 모아 뜬 모습.

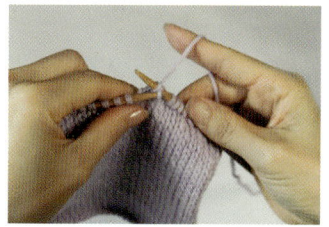

5 왼손 바늘을 걸러뜨기한 코에 넣어 모아 뜬 코 위로 덮어씌운다.

6 오른코 중심 3코 모아뜨기 가 완성되었다.

today

 스페셜 팁. 03
cast off / bind off 코 막음

standard bind off 덮어씌워 코 막음
일반적인 코 막음 방법이다. 대개 메리야스뜨기면 메리야스뜨기, 멍석뜨기면 멍석뜨기, 고무뜨기면 고무뜨기 무늬대로 뜨면서 코 막음한다.

1 2코를 뜬다.

2 왼손 바늘을 오른손 바늘 2번째 코에 넣는다.

3 1번째 코 위로 덮어씌운다.

4 1코를 코 막음한 모습이다.

5 1코를 더 뜬다.

6 오른손 바늘 2번째 코를 1번째 코 위로 덮어씌운다.

7 2코를 코 막음한 모습이다. 5~6번 과정을 반복한다.

8 덮어씌워 코 막음으로 마무리한 모습이다.

stretchy bind off / elastic bind off 신축성 있는 코 막음

목둘레나 숄 가장자리 등이 잘 늘어나도록 하는 코 막음이다.

1 2코를 뜬다.

2 왼손 바늘을 오른손 바늘 2코 앞으로 넣는다.

3 겉뜨기하듯이 실을 감는다.

4 감은 실을 빼낸다.

5 1코를 더 뜬다.

6 왼손 바늘을 오른손 바늘 2코 앞으로 넣는다.

7 겉뜨기하듯이 실을 감는다.

8 감은 실을 빼낸다.

9 2코를 코 막음한 모습이다. 5~8번 과정을 반복한다.

10 신축성 있는 코 막음으로 마무리한 가장자리 모습이다.

picot bind off 피코 코 막음

주로 아이나 여성 옷에 쓰이는 장식적인 코 막음이다.

1 오른손 바늘을 왼손 바늘 1번째 코와 2번째 코 사이에 넣는다.

2 겉뜨기하듯이 실을 감는다.

3 감은 실을 빼낸다.

4 왼손 바늘 코는 빼지 않고 두고 오른손 바늘의 빼낸 가닥을 오른쪽으로 살짝 당긴다.

5 왼손 바늘을 오른손 바늘 새로 생긴 가닥 아래에서 위로 넣어 왼손 바늘에 건다. (케이블 코잡기)

6 케이블 코잡기 방식으로 1코 더 만든다.

7 4코를 덮어씌워 코 막음한다.

8 오른손 바늘 코를 안뜨기하듯이 왼손 바늘에 옮긴다. 1~8번 과정을 반복한다.

9 피코 코 막음으로 마무리한 가장자리이다.

I-cord bind off 아이코드 코 막음

스웨터나 숄 가장자리 등을 마무리할 때 쓰이는 코 막음이다.

1   편물 겉면을 보고 안면으로 돌린다.

2   편물 안면이 보이는 상태에서 손가락 걸기 코잡기로 3코를 만든다.

3   다시 겉면이 보이도록 편물을 돌린다.

4   2코를 겉뜨기로 뜬다.

5   다음 코를 겉뜨기하듯이 오른손 바늘로 옮긴다.

6   다음 코는 겉뜨기한다.

7   왼손 바늘을 걸러뜨기한 코 앞 가닥에 넣어 겉뜨기한 코 위로 덮어씌운다.

8   덮어씌우기 완료한 모습.

9   오른손 바늘 1번째 코를 안뜨기하듯이 왼손 바늘로 옮긴다.

10   2번째 코도 옮긴다.

11   3번째 코도 옮긴다. 이제 4~11번 과정을 반복한다.

12   아이코드 코 막음으로 마무리한 가장자리이다.

How to Read English Knitting Patterns

스페셜 팁. 04
seam / seaming 시접 잇기

three needle bind off (cast off) 바늘 3개를 이용해 살아있는 코를 잇기

1 겉면이 서로 마주 보게 편물을 잡고 앞쪽 바늘 1코, 뒤쪽 바늘 1코에 겉뜨기하듯이 바늘을 넣어 실을 감아 함께 겉뜨기한다.

2 다시 앞쪽 바늘 1코 뒤쪽 바늘 1코를 함께 겉뜨기해 오른손 바늘에 2코가 생기면 덮어씌워 코 막음한다.

3 코 막음한 모습이다.

4 2번 과정을 반복하여 잇는다.

5 잇기한 겉면 모습.

grafting / kitchener stitch 메리야스 잇기

살아있는 코의 모양과 같은 모양이 나오게 힘을 조절한다. 편물 방향이 다르기 때문에 완벽하게 맞지 않고 반 코 어긋난다.

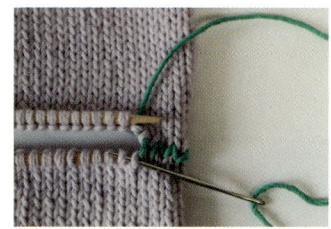
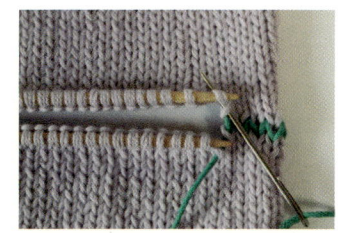

1 아래쪽 편물의 살아있는 코와 반대쪽 첫 코에 안뜨기하듯이 돗바늘을 통과시켜 빼낸다.

2 위쪽 편물의 살아있는 코와 반대쪽 첫 코에 겉뜨기하듯이 돗바늘을 통과시켜 빼낸다. 1~2 과정을 반복해 잇는다.

invisible seam / mattress stitch 보이지 않는 시접

bound off edge 코 막음한 가장자리 잇기
편물의 방향이 다르기 때문에 메리야스 잇기와 마찬가지로 완벽하게 맞지 않고 반 코 어긋난다.

1 아래쪽 편물 1코를 통과한다.   **2** 위쪽 편물 1코를 통과한다.   **3** 과정을 반복하여 잇는다.

vertical 편물 세로로 잇기
너무 잡아당기지 말고 메리야스 편물 장력에 맞게 느슨하게 당겨 진행한다.

1 가장자리 1번째 코와 2번째 코 사이의 가닥(ladder)을 왼쪽 편물 1번, 오른쪽 편물 1번 통과해 잇는다.   **2** 과정을 반복하여 잇는다.

horizontal to vertical 가로 편물과 세로 편물 잇기
대부분의 뜨개 편물은 같은 치수 안에 코수 보다 단수가 많다. 그래서 1코 1단씩 연결하면 처음과 끝이 맞지 않는다. 4단에 3코 정도의 비율로 맞춘다.

1 아래의 가로 편물은 가장자리 1번째 코와 2번째 코 사이 가로 가닥(ladder) 1개씩을, 위의 세로 편물은 겉뜨기코 1코씩을 통과해 연결한다.   **2** 과정을 반복하여 편물을 잇는다.

back stitch 박음질하기

편물 겉면끼리 마주 보게 하고 일반 바느질처럼 박음질한다.

crochet slip stitch 코바늘 빼뜨기로 잇기

셋인 슬리브를 몸판에 이을 때 많이 사용하는 방법이다.

편물 겉면끼리 마주 보게 하고 코바늘 빼뜨기로 연결한다.

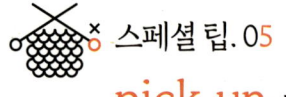

스페셜 팁. 05
pick up 코줍기

pick up and knit 겉뜨기로 코줍기

1 바늘을 앞에서 편물 가장자리 가로 가닥(ladder) 사이에 넣는다.

2 겉뜨기하듯이 실을 감아 빼낸다.

3 1코를 겉뜨기로 주운 모습이다.

4 겉뜨기로 7코를 주운 앞모습.

5 뒷면 모습.

pick up and purl 안뜨기로 코줍기

1 바늘을 뒤에서 편물 가장자리 가로 가닥(ladder) 사이에 넣는다.

2 안뜨기하듯이 실을 감아 빼낸다.

3 1코를 안뜨기로 주운 모습이다.

4 안뜨기로 7코를 주운 앞모습.

5 뒷면 모습.

How to Read English Knitting Patterns

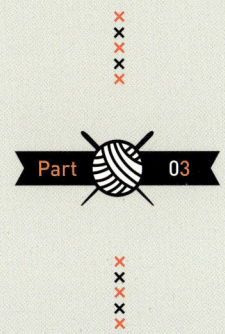

영문도안 손뜨개
작품 만들기

도안을 읽다가 모르는 표현이 나올 때만 번역본을 참고하는 것이 좋습니다. 영문도안 그대로 보는 것이 훨씬 빠르고 효율적입니다. 실제 영문도안으로 작품을 만들어 본다면 더 빠르게 영문도안에 익숙해집니다.

Knitting Patterns in English

Estuary 영문도안

Estuary 번역본

Estuary

Designed by the Berroco Design Team

skill level Easy
Shown in size 36"

finished measurements
Bust (closed) - 32 (36, 40, 44, 48, 52)"
Length - 24½ (25, 26, 26, 27, 27½)"
Note: This garment was designed with approximately 2–4" ease. Please take this into consideration when selecting your size.

yarn
BERROCO TUSCAN TWEED (50 grs):
5 (5, 6, 6, 7, 8) balls #9022 Cornflower (MC) and 2 (3, 3, 4, 4, 4) balls #9003 Iris (CC)

needles and notions
Straight needles, sizes 5 (3.75 mm) and 7 (4.50 mm) *or size to obtain gauge*
29" circular needle, size 5 (3.75 mm)
Six 1" buttons

gauge
18 sts and 26 rows = 4" in St st on larger needles
To save time, take time to check gauge

Berroco Tuscan Tweed™

 Find this Yarn

www.berroco.com

Berroco, Inc., 1 Tupperware Dr, Suite 4, N. Smithfield, RI 02896-6815   Copyright 2017 in USA and Canada

도안과 모든 이미지는 Berroco에서 제공했습니다.
https://www.berroco.com/patterns/estuary

Estuary

Designed by the Berroco Design Team
skill level Easy
Shown in size 36"

finished measurements
Bust (closed) - 32 (36, 40, 44, 48, 52)"
Length - 24½ (25, 26, 26, 27, 27½)"
Note: This garment was designed with approximately 2–4" ease. Please take this into consideration when selecting your size.

yarn
BERROCO TUSCAN TWEED (50 grs): 5 (5, 6, 6, 7, 8) balls #9022 Cornflower (MC) and 2 (3, 3, 4, 4, 4) balls #9003 Iris (CC)

needles and notions
Straight needles, sizes 5 (3.75 mm) and 7 (4.50 mm) or size to obtain gauge
29" circular needle, size 5 (3.75 mm)
Six 1" buttons

gauge
18 sts and 26 rows = 4" in St st on larger needles
To save time, take time to check gauge

Estuary

Designed by the Berroco Design Team
skill level 난이도 쉬움
사진 속 사이즈는 가슴둘레 36"

finished measurements 완성 치수

가슴둘레(여몄을 때) - 32 (36, 40, 44, 48, 52)"
길이 - 24½ (25, 26, 26, 27, 27½)"
주의: 이 옷은 약 2-4"의 여유분을 주고 디자인되었습니다. 사이즈를 선택할 때 이를 염두에 두세요.

yarn 실

BERROCO TUSCAN TWEED (50g): 5 (5, 6, 6, 7, 8) 볼 #9022 수레국화색 (바탕실), 2 (3, 3, 4, 4, 4) 볼 #9003 아이리스색 (배색실)
영문도안에서는 우리가 보통 사용하는 색이름 외에도 다양한 표현을 사용한다.

needles and notions 바늘과 부자재

5호 (3.75mm), 7호 (4.50mm) 혹은 도안의 게이지에 맞는 호수의 막대바늘
29" 길이의 5호 (3.75mm) 줄바늘
지름 1" 단추 6개

gauge 게이지

18코 26단 = 4", 메리야스뜨기, 더 큰 호수 바늘(4.5mm).
시간을 절약하기 위해 (즉, 실패할 확률을 줄이기 위해) 시간적 여유를 갖고 게이지를 확인하세요.

NOTE: We recommend using yarns called for in our instructions. Every effort has been made to ensure that directions contained in this book are accurate and complete, however errors do occur. We cannot be responsible for variance of individual knitters, human or typographical errors.

All pattern PDFs are updated when corrections are made. In the event of finding an error, please make sure you've downloaded the most recent version.

NOTE
When changing colors on front/neckband, hold yarn to the left and pick up new color from underneath. This twists yarn so there are no holes.

BACK
With smaller straight needles, using MC, cast on 74 (82, 90, 102, 110, 118) sts.
Ribbing: Row 1 (RS): K2, * p2, k2, repeat from * across.
Row 2: P2, * k2, p2, repeat from * across. Repeat these 2 rows until piece measures 2½", end on RS, dec 1 (0, 0, 1, 1, 0) st at each end of the last row –72 (82, 90, 100, 108, 118) sts. Change to larger needles and work even in St st until piece measures 16 (16, 16½, 16½, 17, 17)" from beginning, end on WS. Change to CC..

NOTE 주의: 도안에 적힌 실을 사용하는 것을 추천합니다. 책 속 도안이 정확하고 완벽하도록 모든 노력을 했지만, 오류가 일어날 수 있습니다. 뜨개인 개개인의 변형, 실수, 인쇄상의 오타에 대해서는 책임지지 않습니다.

도안 내용에 수정 사항이 있으면 모든 PDF 도안이 업데이트됩니다. 만약 오류가 발견되면 최신 버전의 도안을 다운받았는지 확인해보세요.

NOTE 주의
앞 단/목 단에서 색을 바꿀 때, 실을 왼쪽에 잡고 새 색상의 실을 아래에서 끌어올린다. 이렇게 하면 실이 꼬여서 (실을 바꾼 자리에) 구멍이 생기지 않는다. (즉, intarsia 세로배색)

BACK 뒤판
더 작은 호수 (3.75mm) 막대바늘로, 바탕실을 이용해, 74 (82, 90, 102, 110, 118)코를 잡는다.
고무뜨기: 1단 (겉면): 겉2, *안2, 겉2*를 단 끝까지 반복한다.
2단: 안2, *겉2, 안2*를 단 끝까지 반복한다. 위의 1-2단을 편물이 2½"가 될 때까지 반복하고 마지막 단이 겉면 단이 되도록 끝내는데 마지막 단 양 끝에서 1 (0, 0, 1, 1, 0)코씩 코 줄임한다. - 총 72 (82, 90, 100, 108, 118)코. 더 큰 호수 (4.50mm) 바늘로 바꿔 편물 시작점에서 16 (16, 16½, 16½, 17, 17)"가 될 때까지 평단으로 메리야스뜨기하고 마지막 단이 안면 단이 되도록 끝낸다. 배색실로 바꾼다.

Shape Armholes: Bind off 4 (5, 5, 6, 6, 7) sts at beginning of the next 2 rows, then 2 sts at beginning of the following 2 rows –60 (68, 76, 84, 92, 100) sts.

Dec Row (RS): K1, k2tog, knit to last 3 sts, SSK, k1 – 2 sts dec'd. Repeat Dec Row every RS row 2 (6, 8, 9, 11, 13) times more –54 (54, 58, 64, 68, 72) sts. Work even until armholes measure 7½ (8, 8½, 8½, 9, 9½)", end on WS.

Shape Shoulders: Bind off 4 (4, 5, 6, 7, 7) sts at beginning of the next 4 rows, then 5 (5, 5, 6, 6, 8) sts at beginning of the next 2 rows. Bind off remaining 28 sts for back neck.

LEFT FRONT

With smaller straight needles, using MC, cast on 34 (38, 42, 46, 50, 58) sts. Work in ribbing as for back for 2½", end on RS, dec 1 (0, 0, 0, 0, 2) sts on last row –33 (38, 42, 46, 50, 56) sts. Change to larger needles and work even in St st until piece measures 13 (13, 13½, 13½, 14, 14)" from beginning, end on WS.

Shape Neck: Neck Dec Row (RS): Knit to last 3 sts, SSK, k1 –32 (37, 41, 46, 50, 55) sts. Repeat Neck Dec Row every 6th row 10 (10, 10, 9, 9, 10) times more. AT THE SAME TIME, when piece measures 16 (16, 16½, 16½, 17, 17)" from beginning (before all neck decs have been completed), end on WS. Change to CC.

Shape Armhole: Bind off 4 (5, 5, 6, 6, 7) sts at beginning of the next RS row, then 2 sts at beginning of the following RS row.

Armhole Dec Row (RS): K1, k2tog, work to end. Continuing to dec at neck as before, repeat Armhole Dec Row every RS row 2 (6, 8, 9, 11, 13) times more. When all armhole and neck decs have been completed, work even on 13 (13, 15, 18, 20, 22) sts until armhole measures 7½ (8, 8½, 8½, 9, 9½)", end on WS. Bind off 4 (4, 5, 6, 7, 7) sts at armhole edge twice, then 5 (5, 5, 6, 6, 8) sts once for shoulder.

진동 코 줄임: 다음 2단을 단 시작에서 4 (5, 5, 6, 6, 7)코씩, 이어지는 2단을 단 시작에서 2코씩 코 막음하며 뜬다. - 총 60 (68, 76, 84, 92, 100)코.

코 줄임 단(겉면): 겉1, 왼코 줄임, 3코 남을 때까지 겉뜨기, 오른코 줄임, 겉1 - 2코 줄어듦. 코 줄임 단을 매 겉면 단마다 2 (6, 8, 9, 11, 13)회 더 반복한다. - 총 54 (54, 58, 64, 68, 72)코. 진동이 7½ (8, 8½, 8½, 9, 9½)"가 될 때까지 평단으로 뜨고, 마지막 단이 안면 단이 되도록 끝낸다.

어깨 경사: 다음 4단을 단 시작에서 4 (4, 5, 6, 7, 7)코씩, 이어지는 2단을 단 시작에서 5 (5, 5, 6, 6, 8)코씩 코 막음하며 뜬다. 남은 뒷목 28코를 코 막음한다.

LEFT FRONT 왼쪽 앞판

더 작은 호수 (3.75mm) 막대바늘로, 바탕실을 이용해, 34 (38, 42, 46, 50, 58)코를 잡는다. 뒤판과 동일하게 고무뜨기로 2½" 뜨고 마지막 단이 겉면 단이 되도록 끝내는데, 마지막 단에서 1 (0, 0, 0, 0, 2)코 코 줄임한다. - 총 33 (38, 42, 46, 50, 56)코. 더 큰 호수 (4.50mm) 바늘로 바꿔 편물 시작점에서 13 (13, 13½, 13½, 14, 14)"가 될 때까지 평단으로 메리야스뜨기하고 마지막 단이 안면 단이 되도록 끝낸다.

(앞)목 코 줄임: (앞)목 코 줄임 단(겉면): 3코 남을 때까지 겉뜨기, 오른코 줄임, 겉1 - 총 32 (37, 41, 46, 50, 55)코. 목 코 줄임 단을 6번째 단마다 10 (10, 10, 9, 9, 10)회 더 반복한다. 이와 동시에, 편물 시작점에서 16 (16, 16½, 16½, 17, 17)"가 되면 (목 코 줄임이 모두 완성되기 전), 마지막 단이 안면 단이 되도록 끝낸다. 배색실로 바꾼다.

진동 코 줄임: 다음 겉면 단 시작에서 4 (5, 5, 6, 6, 7)코 코 막음하고, 이어지는 겉면 단 시작에서 2코 코 막음한다.

진동 코 줄임 단 (겉면): 겉1, 왼코 줄임, 단 끝까지 뜬다. 계속해서 전과 같이 앞목 코 줄임하면서, 진동 코 줄임 단을 겉면 단마다 2 (6, 8, 9, 11, 13)회 더 반복한다. 진동 코 줄임과 앞목 코 줄임이 모두 끝나면, (남은) 13 (13, 15, 18, 20, 22)코로 진동이 7½ (8, 8½, 8½, 9, 9½)"가 될 때까지 평단으로 뜨는데, 마지막 단이 안면 단이 되도록 끝낸다. 진동 가장자리에서 4 (4, 5, 6, 7, 7)코씩 2회 코 막음하고, 어깨에 해당하는 5 (5, 5, 6, 6, 8)코 코 막음한다.

RIGHT FRONT
With smaller straight needles, using MC, cast on 34 (38, 42, 46, 50, 58) sts. Work in ribbing as for back for 2½", end on RS, dec 1 (0, 0, 0, 0, 2) sts on last row –33 (38, 42, 46, 50, 56) sts. Change to larger needles and work even in St st until piece measures 13 (13, 13½, 13½, 14, 14)" from beginning, end on WS.

Shape Neck: Neck Dec Row (RS): K1, k2tog, knit to end –32 (37, 41, 46, 50, 55) sts. Repeat Neck Dec Row every 6th row 10 (10, 10, 9, 9, 10) times more. AT THE SAME TIME, when piece measures 16 (16, 16½, 16½, 17, 17)" from beginning, end on WS (before all neck decs have been completed). Change to CC and work 1 RS row even.

RIGHT FRONT 오른쪽 앞판

더 작은 호수 (3.75mm) 막대바늘로, 바탕실을 이용해, 34 (38, 42, 46, 50, 58)코를 잡는다. 뒤판과 동일하게 고무뜨기로 2½" 뜨고 마지막 단이 겉면 단이 되도록 끝내는데, 마지막 단에서 1 (0, 0, 0, 0, 2)코 코 줄임한다. - 총 33 (38, 42, 46, 50, 56)코. 더 큰 호수 (4.50mm) 바늘로 바꿔 편물 시작점에서 13 (13, 13½, 13½, 14, 14)" 가 될 때까지 평단으로 메리야스뜨기하고 마지막 단이 안면 단이 되도록 끝낸다.

(앞)목 코 줄임: (앞)목 코 줄임 단 (겉면): 겉1, 왼코 줄임, 단 끝까지 겉뜨기. - 총 32 (37, 41, 46, 50, 55)코. 목 코 줄임 단을 6번째 단마다 10 (10, 10, 9, 9, 10)회 더 반복한다. 이와 동시에 편물 시작점에서 16 (16, 16½, 16½, 17, 17)" 가 되면, (목 코 줄임이 모두 완성되기 전) 마지막 단이 안면 단이 되도록 끝낸다. 배색실로 바꿔 겉면 1단을 평단으로 뜬다.

Shape Armhole: Bind off 4 (5, 5, 6, 6, 7) sts at beginning of the next (WS) row, then 2 sts at beginning of the following WS row.

Armhole Dec Row (RS): Work to last 3 sts, SSK, k1 –1 st dec'd. Continuing to dec at neck as before, repeat Armhole Dec Row every RS row 2 (6, 8, 9, 11, 13) times more. When all armhole and neck decs have been completed, work even on 13 (13, 15, 18, 20, 22) sts until armhole measures 7½ (8, 8½, 8½, 9, 9½)", end on RS. Bind off 4 (4, 5, 6, 7, 7) sts at armhole edge twice, then 5 (5, 5, 6, 6, 8) sts once for shoulder.

SLEEVES

With smaller straight needles, using MC, cast on 42 (42, 42, 46, 46, 46) sts. Work even in ribbing as for back for 2½", end on RS, dec 0 (0, 0, 1, 1, 1) st each end of last row –42 (42, 42, 44, 44, 44) sts. Change to larger needles and work even in St st for 2¼ (1¾, 1¼, 1¼, 1, ¾)", end on WS.

Inc Row (RS): K1, M1L, knit to last st, M1R, k1 –2 sts inc'd. Repeat Inc Row every 14 (10, 8, 8, 6, 4)th row 5 (7, 9, 11, 13, 15) times more –54 (58, 62, 68, 72, 76) sts. Work even until sleeve measures 18" from beginning, end on WS. Change to CC.

Shape Cap: Bind off 4 (5, 5, 6, 6, 7) sts at beg of the next 2 rows, then 2 sts at beg of the following 2 rows –42 (44, 48, 52, 56, 58) sts.

Dec Row 1 (RS): K1, k2tog, knit to last 3 sts, SSK, k1 –2 sts dec'd. Repeat Dec Row 1 every RS row 2 (6, 8, 9, 11, 13) times more, then every 4th row 3 (3, 2, 1, 0, 0) times, then every RS 10 (6, 7, 8, 7, 5) times more, end on WS –10 (12, 12, 14, 18, 20) sts.

Sizes 48" and 52" ONLY: Dec Row 2 (RS): K1, k3tog, knit to last 4 sts, SSSK, k1 –X (X, X, X, 14, 16) sts.

ALL sizes: Bind off remaining 10 (12, 12, 14, 14, 16) sts.

FINISHING

Sew shoulder seams.

진동 코 줄임: 다음 (안면) 단 시작에서 4 (5, 5, 6, 6, 7)코 코 막음하고 이어지는 안면 단 시작에서 2코 코 막음한다.

진동 코 줄임 단 (겉면): 3코 남을 때까지 뜬다. 오른코 줄임, 겉1 - 1코 줄어듦. 계속해서 전과 같이 앞목 코 줄임하면서, 진동 코 줄임 단을 매 겉면 단마다 2 (6, 8, 9, 11, 13)회 더 반복한다. 진동 코 줄임과 앞목 코 줄임이 모두 끝나면, (남은) 13 (13, 15, 18, 20, 22)코로 진동이 7½ (8, 8½, 8½, 9, 9½)"가 될 때까지 평단으로 뜨는데, 마지막 단이 겉면 단이 되도록 끝낸다. 진동 가장자리에서 4 (4, 5, 6, 7, 7)코씩 2회 코 막음하고, 어깨에 해당하는 5 (5, 5, 6, 6, 8)코 코 막음한다.

SLEEVES 소매

더 작은 호수 (3.75mm) 막대바늘과 바탕실로 42 (42, 42, 46, 46, 46)코 잡는다. 뒤판과 동일하게 고무뜨기로 2½" 뜨고 마지막 단이 겉면 단이 되도록 끝내는데, 마지막 단 양끝에서 0 (0, 0, 1, 1, 1)코 코 줄임한다. - 총 42 (42, 42, 44, 44, 44)코. 더 큰 호수 (4.50mm) 바늘로 바꿔 메리야스뜨기로 2¼ (1¾, 1¼, 1¼, 1, ¾)" 평단으로 뜨는데 마지막 단이 안면 단이 되도록 끝낸다.

코 늘림 단 (겉면): 겉1, M1L 코 늘림, 1코 남을 때까지 겉뜨기, M1R 코 늘림, 겉1 - 2코 늘어남. 코 늘림 단을 14 (10, 8, 8, 6, 4)번째 단마다 5 (7, 9, 11, 13, 15)회 더 반복한다. - 총 54 (58, 62, 68, 72, 76)코. 소매가 시작점에서 18" 가 될 때까지 평단으로 뜨고 마지막 단이 안면 단이 되도록 끝낸다. 배색실로 바꾼다.

소매산 코 줄임: 다음 2단을 단 시작에서 4 (5, 5, 6, 6, 7)코씩 그리고 이어지는 2단을 단 시작에서 2코씩 코 막음하며 뜬다. - 총 42 (44, 48, 52, 56, 58)코.

코 줄임 1단 (겉면): 겉1, 왼코 줄임, 3코 남을 때까지 겉뜨기, 오른코 줄임, 겉1 - 2코 줄어듦. 코 줄임 1단을 겉면 단마다 2 (6, 8, 9, 11, 13)회 더 반복하고, 다음 4번째 단마다 3 (3, 2, 1, 0, 0)회 반복하고, 다음 겉면 단마다 10 (6, 7, 8, 7, 5)회 더 반복하고, 마지막 단이 안면 단이 되도록 끝낸다. - 총 10 (12, 12, 14, 18, 20)코.

48" 그리고 52" 사이즈만 적용: 코 줄임 2단 (겉면): 겉1, 왼코 중심 3코 모아뜨기, 4코 남을 때까지 겉뜨기, 오른코 중심 3코 모아뜨기, 겉1 - 총 X (X, X, X, 14, 16)코.

모든 사이즈 적용: 남은 10 (12, 12, 14, 14, 16)코 코 막음.

FINISHING 마무리

어깨솔기를 잇는다.

Front/Neckband: With RS facing, using circular needle and MC, beg at lower right front edge, pick up and knit 79 (79, 81, 81, 83, 83) sts along right front edge to neck shaping, 18 sts along right neck shaping to color change-over, with CC, pick up and knit 52 (54, 56, 56, 58, 60) sts to right shoulder seam, 33 sts across back neck edge then 52 (54, 56, 56, 58, 60) sts along left front neck edge to color change-over, with another ball of MC, pick up and knit 18 sts along remaining left front neck edge then 79 (79, 81, 81, 83, 83) sts along left front edge –331(335-343-343-351-355) sts. From here, continue to work colors as established.

Row 1 (WS): P1, * k1, p1, rep from * across.

Row 2: K1, * p1, k1, rep from * across. Repeat these 2 rows until band measures ¾" from beg, end on WS.

Buttonhole Row (RS): Work 6 (6, 5, 5, 6, 6) sts, k2tog, yo, * work 11 (11, 12, 12, 12, 12) sts, k2tog, yo, repeat from * 4 times more, work to end. Work even in ribbing using colors as established until band measures 1½", end on WS. Bind off in ribbing. Sew in sleeves. Sew side and sleeve seams. Weave in all ends and block as desired. Sew on buttons.

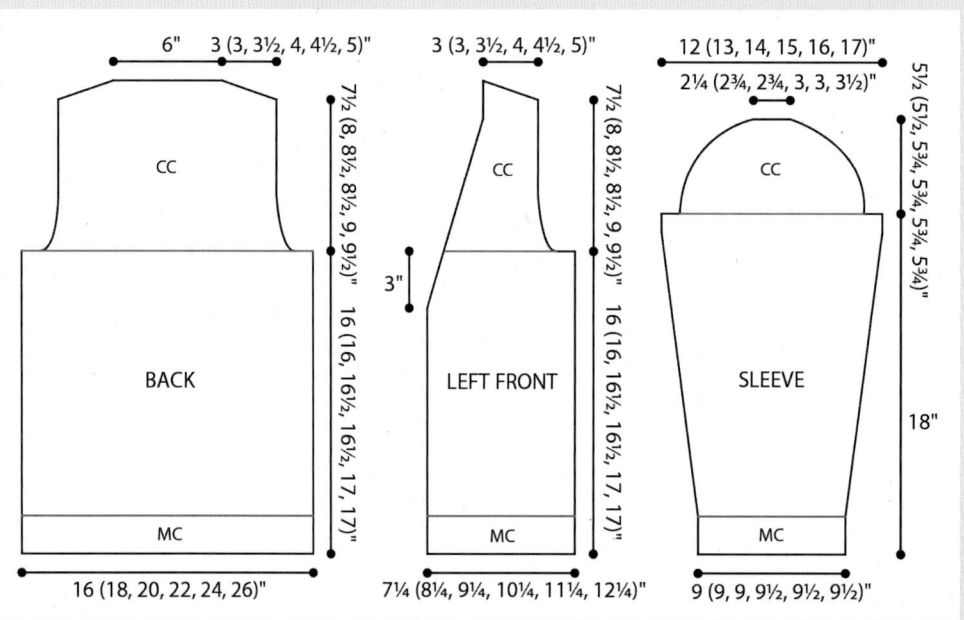

앞 단/목 단: 편물의 겉면을 보면서 줄바늘과 바탕실로, 오른쪽 앞판 아래쪽 가장자리에서 시작해, 오른쪽 앞판 가장자리를 따라 올라가며 앞목 코 줄임 부분까지 79 (79, 81, 81, 83, 83)코, 색 바꿈 부분까지 오른쪽 앞목 코 줄임을 따라 18코, 배색실로 오른쪽 어깨솔기까지 52 (54, 56, 56, 58, 60)코, 뒷목 가장자리를 따라 33코, 색 바꿈 부분까지 왼쪽 앞판 가장자리를 따라 52 (54, 56, 56, 58, 60)코, 바탕실을 하나 더 연결해, 남은 왼쪽 앞목 가장자리를 따라 18고, 왼쪽 앞판 가장자리를 따라 79 (79, 81, 81, 83, 83)코씩 줍는다. - 총 331(335-343-343-351-355)코. 여기서부터는 이미 정해진 색대로(즉, 바탕실이 연결된 부분은 바탕실로, 배색실이 연결된 부분은 배색실로) 뜬다.

1단 (안면): 안1, * 겉1, 안1 *를 단 끝까지 반복한다.

2단: 겉1, * 안1, 겉1 *를 단 끝까지 반복한다.

위의 1-2단을 앞 단/목 단이 시작점에서 ¾"가 될 때까지 반복하는데 마지막 단이 안면 단이 되도록 끝낸다.

단춧구멍 단 (겉면): 6 (6, 5, 5, 6, 6)코 뜬다. 왼코 줄임, 바늘비우기, *11 (11, 12, 12, 12, 12)코 뜬다. 왼코 줄임, 바늘비우기*, *에서 *까지를 4회 더 반복, 단 끝까지 뜬다. 이미 정해진 색대로 단춧구멍 단이 1½"가 될 때까지 평단으로 고무뜨기하고 마지막 단이 안면 단이 되도록 끝낸다. 고무뜨기하면서 코막음한다. 소매를 몸판에 꿰맨다. 몸판의 옆선과 소매 솔기를 잇는다. 실 정리를 하고 원하는 방식으로 블로킹한다. 단추를 단다.

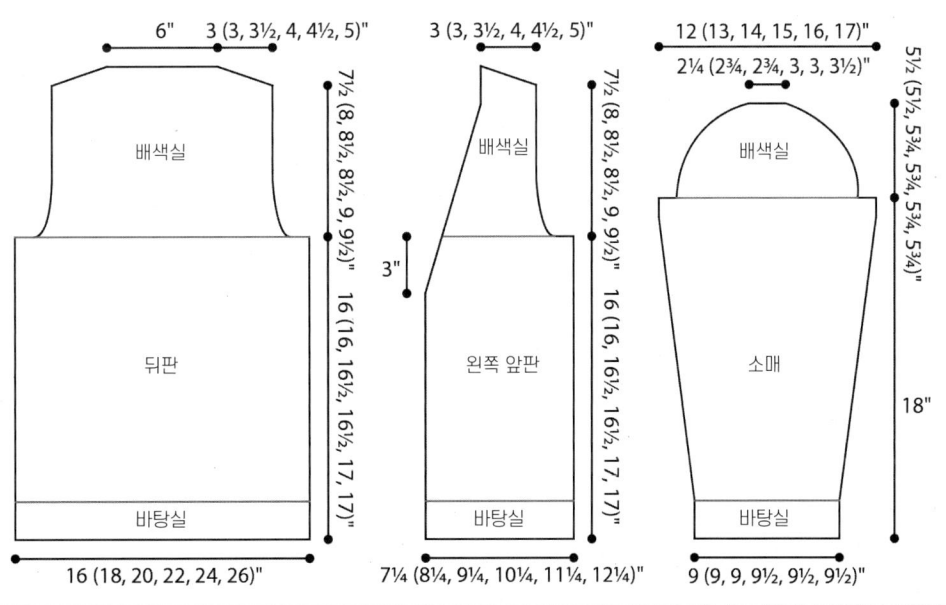

ABBREVIATIONS & TERMS

beg: beginning

CC: contrasting color

CDD (centered double decrease): Slip 2 together (as if to k2tog), knit 1, pass the 2 slipped stitches over

cn: cable needle

cont: continue

dec: decrease

dpn(s): double pointed needle(s)

est: established

inc: increase

k: knit

k tbl: knit through the back loop(s)

k2tog: knit 2 stitches together

k3tog: knit 3 stitches together

kfb: knit in the front and back of the next st

LH: left hand

LLI: Left Lifted Increase —Insert LH needle into the purl bump one row below the st just worked on the RH needle and knit into this st (1 st inc'd)

M1: Pick up horizontal strand between stitch just worked and next stitch from front to back, place on left hand needle, knit this stitch through the back (1 stitch increased).

M1L: Work as for M1.

M1p: Pick up horizontal strand between stitch just worked and next stitch from front to back, place on left hand needle, purl this stitch through the back (1 stitch increased).

M1pL: Work as for M1p.

M1pR: Pick up horizontal strand between stitch just worked and next stitch from back to front, place on left hand needle, purl this stitch through the front (1 stitch increased).

M1R: Pick up horizontal strand between stitch just worked and next stitch from back to front, place on left hand needle, knit this stitch through the front (1 stitch increased).

MC: main color

ABBREVIATIONS & TERMS 약어와 용어

beg: 시작

CC: 배색(실)

CDD: 중심 3코 모아뜨기 (2코를 왼코 줄임하듯이 걸러뜨고, 겉1, 겉뜨기한 코 위로 걸러뜨기한 코를 덮어씌운다.)

cn: 꽈배기바늘

cont: 계속하다.

dec: 코 줄임

dpn(s): 양 끝이 뾰족한 바늘(장갑바늘)

est: 이미 만들어진 (무늬)대로

inc: 코 늘림

k: 겉뜨기

k tbl: 꼬아서 겉뜨기 (코의 뒤 가닥에 넣어 겉뜨기)

k2tog: 왼코 줄임

k3tog: 왼코 중심 3코 모아뜨기

kfb: kfb 코 늘림 (다음 코의 앞 가닥과 뒤 가닥에 겉뜨기 - 1코가 2코가 됨)

LH: 왼쪽(손)

LLI: 왼코 늘림 (왼손 바늘을 오른손 바늘의 방금 뜬 코 1단 아래 안뜨기 고리 속에 넣어 겉뜨기한다. - 1코 늘어남)

M1: M1 코 늘림 (방금 뜬 코와 다음 코 사이의 가로줄을 앞에서 뒤로 들어 올려 왼손 바늘에 걸고, 오른손 바늘을 뒤 가닥에 넣어 겉뜨기 - 1코 늘어남)

M1L: M1 코 늘림과 동일.

M1p: M1p 코 늘림 (방금 뜬 코와 다음 코 사이의 가로줄을 앞에서 뒤로 들어 올려 왼손 바늘에 걸고, 오른손 바늘을 뒤 가닥에 넣어 안뜨기 - 1코 늘어남)

M1pL: M1p 코 늘림과 동일.

M1pR: M1pR 코 늘림 (방금 뜬 코와 다음 코 사이의 가로줄을 뒤에서 앞으로 들어 올려 왼손 바늘에 걸고, 앞 가닥에 넣어 안뜨기 - 1코 늘어남)

M1R: (방금 뜬 코와 다음 코 사이의 가로줄을 뒤에서 앞으로 들어 올려 왼손 바늘에 걸고, 앞 가닥에 넣어 겉뜨기 - 1코 늘어남)

MC: 바탕색(실)

p: purl

p tbl: purl through the back loop(s)

p2tog: purl 2 stitches together

p2sso: pass 2 slip stitches over knit stitch

p3tog: purl 3 stitches together

pat(s): pattern(s)

pm: place marker

psso: pass slipped stitch over knit stitch

rem: remaining

rep: repeat

RH: right hand

RLI: Right Lifted Increase –Insert RH needle into the purl bump of the next st on the LH needle and knit into this st (1 st inc'd)

rnd(s): round(s)

RS: right side

sl: slip

sm: slip marker

SSK: Slip 2 stitches knitwise, insert point of left hand needle through fronts of these 2 stitches and knit 2 together.

SSP: Slip 2 stitches knitwise, transfer these 2 stitches back to left hand needle, purl 2 together through the back loops.

SSSK: Slip 3 stitches knitwise, insert point of left hand needle through fronts of these 3 stitches and knit 3 together.

st(s): stitch(es)

tbl: through back loop(s)

tog: together

w&t: wrap and turn, a method of concealing a hole created in short row shaping.

On RS rows: With yarn held in front, slip stitch to be wrapped purlwise, then bring yarn between needles to the back. Slip that same stitch back to the left needle, then bring the yarn to the back again. Turn your work.

On WS Rows: With yarn held in back, slip stitch to be wrapped purlwise, then bring yarn between needles to the front. Unless otherwise indicated, each time you come to a wrapped stitch when working subsequent rows, slip the wrap back over stitch and onto needle, then work the wrap together with its accompanying stitch.

p: 안뜨기

p tbl: 꼬아서 안뜨기 (코의 뒤 가닥에 넣어 안뜨기)

p2tog: 안뜨기로 2코 모아뜨기

p2sso: 걸러뜨기한 2코를 겉뜨기한 코 위로 덮어씌우기

p3tog: 안뜨기로 3코 모아뜨기

pat(s): 무늬

pm: 마커를 걸다.

psso: 걸러뜨기한 코를 겉뜨기한 코 위로 덮어씌운다.

rem: 남은

rep: 반복 (하다.)

RH: 오른쪽 (손)

RLI: 오른코 늘림 (오른손 바늘을 왼손 바늘의 다음 코 안뜨기 고리에 넣어 겉뜨기 - 1코 늘어남)

rnd(s): (원통뜨기일 때) 단

RS: 겉면

sl: 걸러뜨기

sm: 마커를 옮기다

SSK: 오른코 줄임 (2코를 겉뜨기하듯이 걸러뜨기하고 왼손 바늘 끝을 걸러뜨기한 코 앞 가닥으로 넣어 함께 겉뜨기)

SSP: (2코를 겉뜨기하듯이 걸러뜨기하고 왼손 바늘에 다시 옮겨 오른손 바늘을 뒤 가닥에 넣어 함께 안뜨기)

SSSK: 오른코 중심 3코 모아뜨기 (3코를 겉뜨기하듯이 걸러뜨기하고 왼손 바늘 끝을 걸러뜨기한 코 앞 가닥으로 넣어 함께 겉뜨기)

st(s): 코

tbl: 뒤 가닥에 넣어 (꼬아뜨기)

tog: 함께

w&t: 실을 감고 편물을 돌리기 (경사뜨기로 생기는 구멍을 숨기는 한 가지 방법)

겉면 단에서: 실을 편물 앞에 두고, 코에 실이 감기도록 안뜨기하듯이 걸러뜨고, 실을 양손 바늘 사이에서 편물 뒤로 보낸다. 걸러뜨기한 코를 왼손 바늘로 옮기고, 실을 다시 편물 뒤로 보낸다. 편물을 돌린다.

안면 단에서: 실을 편물 뒤에 두고, 코에 실이 감기도록 안뜨기하듯이 걸러뜨고, 실을 양손 바늘 사이에서 편물 앞으로 보낸다. 달리 지시사항이 없으면, 이어지는 단을 뜰 때 감긴 코를 만날 때마다 감긴 가닥을 바늘에 걸어 원래 코와 함께 뜬다. (즉, 구멍이 생기지 않게 경사뜨기 코 정리)

WS: wrong side

wyib: with yarn in back

wyif: with yarn in front

yo: yarn over

end on WS: end having just completed a Wrong Side row.

end on RS: end having just completed a Right Side row

Stockinette stitch (St st): Knit 1 row, purl 1 row alternately when working back and forth in rows. The knit side is the right side of work. Knit EVERY round when working in the round.

Reverse St st (Rev St st): Purl 1 row, knit 1 row alternately when working back and forth in rows. The purl side is the right side of the work. Purl EVERY round when working in the round.

Garter St: Knit EVERY row when working back and forth in rows. Knit 1 round, purl 1 round when working in the round.

WS: 안면

wyib: 실을 편물 뒤에 두고

wyif: 실을 편물 앞에 두고

yo: 바늘비우기

end on WS: 마지막(으로 뜨는 단)이 안면 단이 되도록 끝낸다.

end on RS: 마지막(으로 뜨는 단)이 겉면 단이 되도록 끝낸다.

Stockinette stitch (St st): 메리야스뜨기 평뜨기로(즉 앞뒤로) 겉뜨기 1단, 안뜨기 1단 교대로 뜬다. 겉뜨기 면이 편물의 겉면이다. 원통뜨기일 때는 매단 겉뜨기한다.

Reverse St st (Rev St st): 안메리야스뜨기 평뜨기로(즉 앞뒤로) 안뜨기 1단, 겉뜨기 1단 교대로 뜬다. 안뜨기 면이 편물의 겉면이다. 원통뜨기일 때는 매단 안뜨기한다.

Garter St: 가터뜨기 평뜨기로(즉 앞뒤로) 매단 겉뜨기한다. 원통뜨기일 때는 겉뜨기 1단 안뜨기 1단 교대로 뜬다.

Knitting Patterns in English

Wind Down by DROPS Design 영문도안

Wind Down by DROPS Design 번 역 본

도안과 모든 이미지는 DROPS Design에서 제공했습니다.
작품 속 모든 재료는 garnstudio.com에서 구입할 수 있습니다.
https://www.garnstudio.com/pattern.php?id=7826&cid=17

Wind Down by DROPS Design

Knitted jumper with raglan and lace pattern, worked top down in DROPS Merino Extra Fine. Sizes S – XXXL.

DROPS Design: Pattern no me-104
Yarn group B

Sizes: S - M - L - XL - XXL - XXXL
Materials:
DROPS MERINO EXTRA FINE from garnstudio (belongs to yarn group B)
400-450-500-500-550-650g color 15, light grayish green

DROPS DOUBLE POINTED NEEDLES AND CIRCULAR NEEDLES (40 + 60 or 80cm / 16" + 24" or 32") SIZE 4mm/US 6 – or the needles needed to get 21 stitches and 28 rows stockinette stitch on 10cm / 4" in width and 10cm / 4" in height.

Not sure which size you should choose? Then it might help you to know that the model in the picture is approx. 170 cm and uses size S or M. If you are making a jumper, cardigan, dress or similar garment, you will find a graphic with the measurements of the finished garment (in cm) at the bottom of the pattern.

Pattern instructions:

NOTE: This pattern is written in British English. All measurements in charts are in cm. For conversion from cm to inches - click here. There are different terms for crocheting in British and American English. If this pattern includes crochet, click for "crochet terms" here. For this pattern in American English, please click here.

RIDGE /GARTER STITCH (worked in the round):
1 ridge = 2 rounds. Work 1 round knit and 1 round purl.

PATTERN:
See diagrams A.1 and A.2. The diagrams show all rows in the pattern from the right side.

Wind Down by DROPS Design

위에서 아래로 뜨는 래글런 소매에 레이스 무늬가 있는 점퍼입니다. DROPS Merino Extra Fine 사용. 사이즈는 S에서 XXXL까지.

드롭스 디자인: 도안 번호 me-104
실 그룹 B

Sizes 사이즈: S - M - L - XL - XXL - XXXL
Materials 재료:
garnstudio의 DROPS Merino Extra Fine (실 그룹 B에 속한다.)
400-450-500-500-550-650g 15번 색상, 연한 회색을 띤 연두색

DROPS 장갑바늘과 (40 + 60 혹은 80cm) 길이의 4mm 줄바늘 - 혹은 사방 10cm, 메리야스뜨기, 21코 28단 게이지에 맞는 호수의 바늘

어떤 사이즈를 선택해야 할지 확신하지 못하나요? 그렇다면, 사진 속 모델의 키는 약 170cm이고 S 혹은 M 사이즈를 착용한다는 사실이 도움이 될 것입니다. 점퍼, 카디건, 드레스 혹은 그와 비슷한 의류를 만든다면, (즉, 도안에 약간의 변형을 한다면) 이 도안의 마지막 부분에 게재된 완성 치수(cm 단위 사용)가 있는 그림이 도움이 될 것입니다.

Pattern instructions 지시사항:

NOTE 주의: 이 도안은 영국식 영어로 기술되었습니다. 차트의 모든 치수는 cm 단위입니다. cm를 inch로 변환하기 위해서는 - 여기를 클릭하세요. 영국과 미국식 코바늘 용어에는 다른 점이 있습니다. 이 도안에 코바늘이 포함된다면, 여기 "crochet terms"를 클릭하세요. 이 도안을 미국식 영어로 보고 싶다면 여기를 클릭하세요.

RIDGE 리지 / GARTER STITCH 가터뜨기 (원통뜨기로 뜰 때):
1 리지 = 2 단. 1단은 겉뜨기 1단은 안뜨기한다.

PATTERN 무늬:
표 A.1 과 A.2를 참고한다. 이 표는 도안의 모든 단을 겉면에서 보여준다. (즉, 겉면이 기준)

RAGLAN:
Increase for raglan on each side of A.1 in each transition from the body to the sleeves. Increase 1 stitch by working 1 yarn over, on the next row work these yarn over stitches twisted knit to prevent holes. The increased stitches are worked in stockinette stitch. **NOTE:** The increases are different on the body and the sleeves as explained in the text.

INCREASE [tip]:
Work until there is 1 stitch left before the marker thread. Work 1 yarn over, knit 2 (the marker thread sits between these 2 stitches) and work 1 yarn over. On the next row, work the yarn over stitches in twisted knit to prevent holes (the increased stitches are worked in stockinette stitch).

The jumper is worked in the round on circular needle. It is worked top down.

YOKE:
Cast on 88-92-96-100-104-108 stitches with circular needle size 4mm / US 6 and Merino Extra Fine. Work 2 RIDGES – see description above. Continue to work as follows – from mid back: Work 8-9-10-11-12-13 stitches stockinette stitch (= half the back piece), A.1 (= 11 stitches), 6 stitches stockinette stitch (= sleeve), A.1, 16-18-20-22-24-26 stitches stockinette stitch (= front piece), A.1, 6 stitches stockinette stitch (= sleeve), A.1, 8-9-10-11-12-13 stitches stockinette stitch (= half the back piece). Continue with this pattern, AT THE SAME TIME start the increases for RAGLAN – see description above. The increases are different for the body and the sleeves:

INCREASE AS FOLLOWS ON THE BODY:
Increase every round 0-0-0-3-5-7 times, then every 2nd round 22-25-28-31-33-35 times and every 4th round 2-2-1-0-0-0 times (in total 24-27-29-34-38-42 times).

INCREASE AS FOLLOWS ON THE SLEEVE:
Increase every 2nd round 18-23-28-30-28-28 times, then every 4th round 4-3-1-1-4-5 times (in total 22-26-29-31-32-33 times).

RAGLAN 래글런:
몸판에서 소매로 넘어가는 각 부분인 표 A.1의 양옆에서 래글런 코 늘림한다 바늘비우기해 1코씩 코 늘림하고 다음 단에서 바늘비우기 코를 꼬아 떠 구멍이 생기는 것을 막는다. 늘어난 코는 메리야스뜨기로 뜬다. **주의:** 도안에서 설명된 것처럼 몸판과 소매의 코 늘림이 다르다.

INCREASE [tip] 코 늘림[팁]:
마커 1코 전까지 뜬다. 바늘비우기, 겉2 (마커는 이 2코 사이에 위치), 바늘비우기. 다음 단에서 바늘비우기 코를 꼬아 떠 구멍이 생기는 것을 막는다. (늘어난 코는 메리야스뜨기로 뜬다.)

점퍼는 줄바늘을 이용해 원통뜨기로 뜬다. 위에서 아래로 뜬다.

YOKE 요크:
4mm 줄바늘과 Merino Extra Fine 실로 88-92-96-100-104-108 코 잡는다. 2 리지 뜬다. - 위의 설명을 참고한다. 계속해서 다음과 같이 뜬다. - 뒤판 중심에서 (시작): 8-9-10-11-12-13 코 메리야스뜨기 (= 뒤판 반쪽), A.1 (= 11 코), 6 코 메리야스뜨기 (= 소매), A.1, 16-18-20-22-24-26 코 메리야스뜨기 (= 앞판), A.1, 6 코 메리야스뜨기(= 소매), A.1, 8-9-10-11-12-13 코 메리야스뜨기 (= 뒤판 반쪽). 계속해서 위와 같이 뜨는데, 이와 동시에 래글런 코 늘림을 시작한다. - 위의 설명을 참고한다. 몸판과 소매의 코 늘림이 다르다.

INCREASE AS FOLLOWS ON THE BODY 몸판에서는 다음과 같이 코 늘림한다:
매단마다 0-0-0-3-5-7회 코 늘림하고, 2번째 단마다 22-25-28-31-33-35회, 4번째 단마다 2-2-1-0-0-0회 코 늘림한다. (총 24-27-29-34-38-42회).

INCREASE AS FOLLOWS ON THE SLEEVE 소매에서는 다음과 같이 코 늘림한다:
2번째 단마다 18-23-28-30-28-28회 코 늘림하고, 4번째 단마다 4-3-1-1-4-5 회 코 늘림한다. (총 22-26-29-31-32-33회).

After all the increases, there are 272-304-328-360-384-408 stitches on the needle. The piece measures approx. 18-20-21-23-25-27cm / 7"-8"-8 1/4"-9"-9 3/4"-10½" from mid front. The next round is worked as follows: Work the first 38-42-45-51-56-61 stitches, put the next 60-68-74-78-80-82 stitches on a thread (= for the sleeve), cast on 8-8-10-10-12-14 new stitches, work the next 76-84-90-102-112-122 stitches, put the next 60-68-74-78-80-82 stitches on a thread (= for the sleeve), cast on 8-8-10-10-12-14 new stitches, work the last 38-42-45-51-56-61 stitches.

BODY:
= 168-184-200-224-248-272 stitches. Insert 1 marker thread in each side in the middle of the 8-8-10-10-12-14 new stitches that have been cast on. Continue working stockinette stitch across all the stitches. THE PIECE IS NOW MEASURED FROM HERE! When the piece measures 4cm / 1½", increase 1 stitch on each side of the marker threads in the sides (= 4 stitches increase) – READ INCREASE [tip]! Increase every 4½cm / 1 3/4" in total 6 times = 192-208-224-248-272-296 stitches. When the piece measures 34-34-35-35-35-35cm / 13½"-13½"-13 3/4"-13 3/4"-13 3/4"-13 3/4" work 2 ridges, then bind off. The jumper measures a total of approx. 56-58-60-62-64-66cm / 22"-22¾"-23 5/8"-24 3/8"-25¼"-26".

SLEEVE:
Put the stitches from the thread back on a short circular needle/double pointed needles, in addition knit up 1 stitch in each of the 8-8-10-10-12-14 new stitches under the sleeve = 68-76-84-88-92-96 stitches. Insert 1 marker thread mid under the sleeve. THE PIECE IS NOW MEASURED FROM HERE! Work A.2 across the middle 6 stitches under the sleeve, the rest of the stitches are worked in stockinette stitch. When the piece measures 3cm / 1" decrease 1 stitch on each side of A.2, decrease every 2½-1½-1½-1½-1-1cm / 7/8"-½"-½"-½"-3/8"-3/8" in total 11-14-17-18-18-19 times, decrease by knitting 2 stitches together = 46-48-50-52-56-58 stitches. Continue with stockinette stitch and A.2 until the sleeve measures 30-28-28-26-25-23cm / 11 3/4"-11"-11"-10 1/4"-9 3/4"-9" (shorter measurements in larger sizes due to wider neck and longer yoke), work 2 ridges. Bind off. Work the other sleeve in the same way.

코 늘림을 모두 끝낸 후에 바늘에 총 272-304-328-360-384-408 코가 있다. 편물은 앞판 중심에서 대략 18-20-21-23-25-27cm가 된다. 다음 단은 다음과 같이 뜬다: 처음 38-42-45-51-56-61 코 뜨기, 다음 60-68-74-78-80-82 코를 자투리 실에 쉼코로 두기 (= 소매에 해당), 8-8-10-10-12-14 코를 새로 잡기, 다음 76-84-90-102-112-122 코 뜨기, 다음 60-68-74-78-80-82 코를 자투리 실에 쉼코로 두기 (= 소매에 해당), 8-8-10-10-12-14 코를 새로 잡기, 마지막 38-42-45-51-56-61 코를 뜬다.

BODY 몸판:
= 총 168-184-200-224-248-272 코. 양쪽 옆 새로 잡은 8-8-10-10-12-14 코 중심에 마커를 건다. 계속해서 모든 코를 메리야스뜨기로 뜬다. 이제 편물 길이는 여기서부터 잰다. 편물이 4cm가 되면, 양쪽 옆선의 마커 양옆에서 1코씩 코 늘림한다. (4코 늘어남) - 코 늘림 팁을 참고하세요. 4½cm마다 총 6회 코 늘림한다. = 총 192-208-224-248-272-296 코. 편물이 34-34-35-35-35-35cm가 되면 2 리지 뜨고 코 막음한다. 점퍼의 총 길이는 약 56-58-60-62-64-66cm가 된다.

SLEEVE 소매:
자투리 실에 쉼코로 두었던 코를 짧은 줄바늘/장갑바늘에 옮기고 소매 아래 새로 잡은 8-8-10-10-12-14 코에서 각각 1코씩 줍는다. = 총 68-76-84-88-92-96 코. 소매 중심에 마커를 건다. 이제 편물 길이는 여기서부터 잰다. 소매 중심 6코는 표 A. 2.를 뜨고, 나머지 코는 메리야스뜨기로 뜬다. 편물이 3cm가 되면 A.2 양옆에서 1코씩 코 줄임하고, 2½-1½-1½-1½-1-1 cm마다 총 11-14-17-18-18-19 회 왼코 줄임 방식으로 코 줄임한다. = 총 46-48-50-52-56-58 코. 계속해서 메리야스뜨기와 A.2 로 소매가 30-28-28-26-25-23 cm가 될 때까지 뜬다. (더 큰 사이즈에서는 넓은 목선과 긴 요크 때문에 치수가 더 적다) 2 리지 뜬다. 코 막음한다. 반대쪽 소매도 동일하게 뜬다.

Diagram

All measurements in charts are in cm.

☐ = knit
☒ = purl
◨ = knit 2 together
◨ = slip 1 stitch as if to knit,
   knit 1, lift the slip stitch over the knitted stitch

◫ = 1 yarn over between 2 stitches, on the next round work yarn over knit

A.1

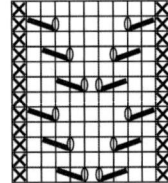

A.2

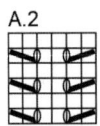

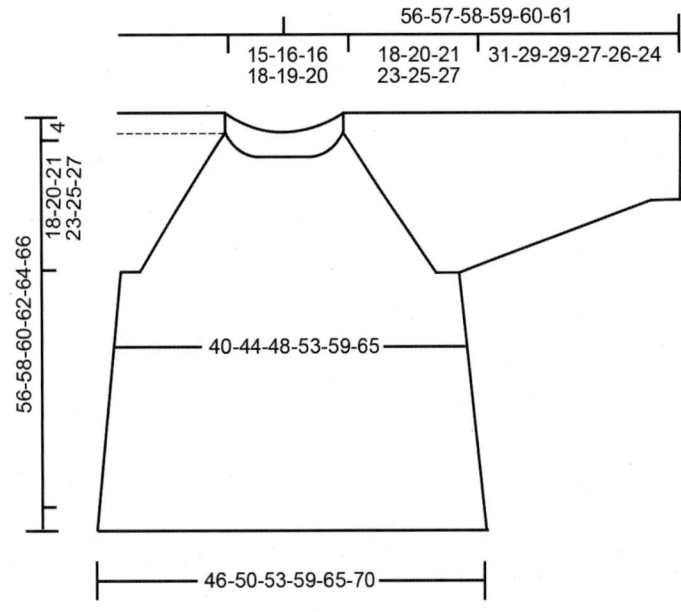

How to Read English Knitting Patterns

Diagram 표

차트의 모든 치수는 cm 단위이다.

☐ = 겉뜨기
☒ = 안뜨기
◩ = 왼코 줄임
◪ =1코를 겉뜨기하듯이 걸러뜨기,
   겉1, 겉뜨기한 코를 걸러뜬 코 위로 덮어씌우기 (즉, 오른코 줄임)

▦ = 2코 사이에 바늘비우기, 다음 단에서 바늘비우기를 겉뜨기

A.1
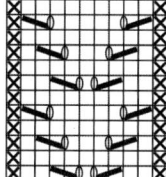

A.2
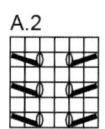

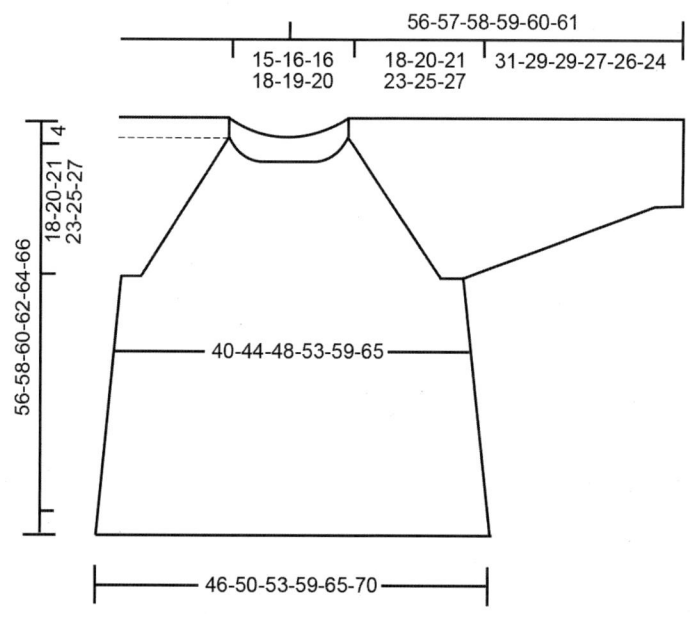

127

Knitting Patterns in English

Goofy Gavin by DROPS Design 영문도안

Goofy Gavin by DROPS Design 번 역 본

도안과 모든 이미지는 DROPS Design에서 제공했습니다.
작품 속 모든 재료는 garnstudio.com에서 구입할 수 있습니다.
https://www.garnstudio.com/pattern.php?id=7039

Goofy Gavin by DROPS Design

Set of knitted vest with pockets and v-neck and knee pants in stocking st in DROPS BabyMerino, plus knitted hat and socks with Nordic pattern and bow in garter st in DROPS Fabel. For baby and children in size 1 month - 6 years.

DROPS design: Pattern no bm-004-bn
Yarn group A

VEST:
Size: 1/3 - 6/9 - 12/18 months (2 - 3/4 - 5/6 years)
Size cm: 56/62 - 68/74 - 80/86 - 92 - 98/104 - 110/116
Materials:
DROPS BABY MERINO from garnstudio
100-100-150 (150-150-150)g colour no 19, grey

DROPS CIRCULAR NEEDLE (40 or 60cm) SIZE 3mm - or size needed to get 24 sts x 48 rows in garter st = 10 x 10cm.
DROPS BUTTON: ARCHED (white), NO 521: 4 pieces in all sizes

KNEE PANTS:
Size: 1/3 - 6/9 - 12/18 months (2 - 3/4 - 5/6 years)
Size in cm: 56/62 - 68/74 - 80/86 - 92 - 98/104 - 110/116
Materials:
DROPS BABY MERINO from garnstudio
100-100-150-(150-150-150)g colour no 19, grey

DROPS DOUBLE POINTED NEEDLES AND CIRCULAR NEEDLE (40 or 60cm) SIZE 3mm - or size needed to get 24 sts x 32 rows in stocking st = 10 x 10cm.
DROPS CIRCULAR NEEDLE (40 or 60cm) SIZE 2.5mm - for edges.
DROPS BUTTON: ARCHED (white), NO 521: 2 pieces in all sizes

SOCKS:
Size: 15/17 - 18/19 - 20/21 (22/23 - 24/25 - 26/28)

Goofy Gavin by DROPS Design

DROPS BABY Merino 실로 뜬 주머니가 있는 브이넥의 대바늘 조끼와 메리야스뜨기의 반바지가 세트입니다. 여기에 더해 DROPS Fabel로 뜬 노르딕 무늬의 모자와 양말과 가터뜨기 리본이 있습니다. 1개월~6세의 아기와 어린이를 위한 도안입니다.

DROPS 디자인: 도안 번호 bm-004-bn
실 그룹A

VEST 조끼 :

사이즈: 1/3 - 6/9 - 12/18개월 (2 - 3/4 - 5/6세)
cm: 56/62 - 68/74 - 80/86 - 92 - 98/104 - 110/116

Materials 재료:
garnstudio의 DROPS BABY MERINO
100-100-150 (150-150-150)g 19번 색상, 회색

DROPS (40 혹은 60cm) 길이의 3mm 줄바늘 - 혹은 사방 10cm가터뜨기 24코 48단 게이지에 맞는 호수의 바늘
DROPS 단추: ARCHED (흰색), 521번: 모든 사이즈 4개

KNEE PANTS 반바지:

Size 사이즈: 1/3 - 6/9 - 12/18개월 (2 - 3/4 - 5/6세)
cm: 56/62 - 68/74 - 80/86 - 92 - 98/104 - 110/116

Materials 재료:
garnstudio의 DROPS BABY MERINO
100-100-150-(150-150-150)g 19번 색상, 회색

DROPS 장갑바늘과 (40 혹은 60cm) 길이의 3mm 줄바늘 - 혹은 사방 10cm 메리야스뜨기 24 코 32단 게이지에 맞는 바늘
DROPS (40 혹은 60cm) 길이의 2.5mm 줄바늘 - 단을 뜰 때 쓸 바늘
DROPS 단추: ARCHED (흰색), 521번: 모든 사이즈 2개

SOCKS 양말:

Size 사이즈: 15/17 - 18/19 - 20/21 (22/23 - 24/25 - 26/28)

To fit foot length: 10-11-12 (13-15-17)cm

Materials:
DROPS FABEL from garnstudio
50g for all sizes of the following colours:
colour no 100, off white
colour no 106, red
colour no 310, sunset
colour no 602, silver fox

DROPS DOUBLE POINTED NEEDLES SIZE 2.5mm - or size needed to get 26 sts x 34 rows in pattern = 10 x 10cm.

HAT:
Size: 1/3 - 6/9 - 12/18 months (2 - 3/4 - 5/6) years
Head circumference:
approx. 40/42 - 42/44 - 44/46 (48/50 - 50/52 - 52/53)cm

Materials:
DROPS FABEL from garnstudio
50g for all sizes in colour no 100, off white
50g for all sizes in colour no 106, red
50g for all sizes in colour no 310, sunset
50g for all sizes in colour no 602, silver fox.

DROPS DOUBLE POINTED NEEDLES SIZE 3mm - or size needed to get 24 sts x 32 rows in stocking st = 10 x 10cm.
DROPS DOUBLE POINTED NEEDLES SIZE 2.5mm - for rib

BOW:
Size: 6/12 months - 12/24 months (2/4 years - 6/8 years).
Materials:
DROPS FABEL from garnstudio
50g colour no 106, red (bow weighs approx. 2-4g).

DROPS STRAIGHT NEEDLES SIZE 2.5mm - or size needed to get 26 sts x 51 rows in garter st = 10 x 10cm.
ACCESSORY: Silk ribbon or elastic for fastening the bow.

To fit foot length 발 길이: 10-11-12 (13-15-17)cm

Materials 재료:

Garnstudio의 DROPS Fabel

모든 사이즈에서 다음 색상 50g:

100번, 오프 화이트색

106번, 빨간색

310번, 노을색

602번, 은빛 여우색

DROPS 장갑바늘 2.5mm - 혹은 사방 10cm 무늬뜨기 26코 34단 게이지에 맞는 호수의 바늘

HAT 모자:

Size 사이즈: 1/3 - 6/9 - 12/18개월 (2 - 3/4 - 5/6)세

Head circumference 머리둘레:

약 40/42 - 42/44 - 44/46 (48/50 - 50/52 - 52/53)cm

Materials 재료:

Garnstudio의 DROPS Fabel

모든 사이즈 100번 색상 50g, 오프 화이트색

모든 사이즈 106번 색상 50g, 빨간색

모든 사이즈 310번 색상 50g, 노을색

모든 사이즈 602번 색상 50g, 은빛 여우색.

DROPS 장갑바늘 3mm - 혹은 사방 10cm 메리야스뜨기 24코 32단 게이지에 맞는 호수의 바늘

DROPS 장갑바늘 2.5mm - 고무뜨기에 쓸 바늘

BOW 리본:

Size 사이즈: 6/12개월 - 12/24개월 (2/4세 - 6/8세).

Materials 재료:

garnstudio의 DROPS Fabel

106번 색상 50g, 빨간색 (리본의 무게는 약 2~4g).

DROPS 막대바늘 2.5mm - 혹은 사방 10cm 가터뜨기 26코 51단 게이지에 맞는 호수의 바늘

ACCESSORY 부자재: 리본을 묶을 실크 끈 혹은 고무줄

Pattern instructions:

NOTE: This pattern is written in British English. All measurements in charts are in cm. For conversion from cm to inches - click here. There are different terms for crocheting in British and American English. If this pattern includes crochet, click for "crochet terms" here. For this pattern in American English, please click here.

VEST:

GARTER ST (back and forth):
K all rows. 1 ridge = 2 rows K.

BUTTONHOLES:
Dec for buttonholes on left band. 1 buttonhole = work until 4 sts remain on needle (seen from RS), make 1 YO, P 2 tog and P the last 2 sts.
Dec for buttonholes when piece measures:
SIZE 1/3 MONTHS: 2, 7, 12 and 17cm.
SIZE 6/9 MONTHS: 2, 7, 12 and 18cm.
SIZE 12/18 MONTHS: 2, 8, 13 and 19cm.
SIZE 2 YEARS: 2, 8, 14 and 20cm.
SIZE 3/4 YEARS: 2, 9, 16 and 22cm.
SIZE 5/6 YEARS: 2, 9, 16 and 24cm.

DECREASE [tip] (applies to armholes and V-neck):
Dec 1 st for armhole and V-neck on inside of 4 edge sts in garter st. All dec are done from RS!
Dec as follows after 4 edge sts in garter st: Slip 1 st as if to K, K 1, psso.
Dec as follows before 4 edge sts in garter st: Beg 2 sts before the 4 edge sts and K 2 tog.

KNITTING [tip]:
Because of ridges in garter st and weight of yarn the piece can become somewhat longer when worn. To avoid the armhole from becoming too long you can crochet an edge around the armhole at the end.

Pattern instructions 지시사항:

NOTE 주의: 이 도안은 영국식 영어로 기술되었습니다. 차트의 모든 치수는 cm 단위 입니다. cm를 inch로 변환하기 위해서는 - 여기를 클릭하세요. 영국과 미국식 코바늘 용어에는 다른 점이 있습니다. 이 도안에 코바늘이 포함된다면, 여기 "crochet terms"를 클릭하세요. 이 도안을 미국식 영어로 보고 싶다면 여기를 클릭하세요.

VEST 조끼:

GARTER ST 가터뜨기 (평뜨기):
모든 단 겉뜨기한다. 1 리지 = 겉뜨기로 2단 뜬다.

BUTTONHOLES 단춧구멍:
왼쪽 앞 단에서 단춧구멍을 만들기 위해 코 줄임한다. 1 단춧구멍 = 바늘에 4코 남을 때까지 뜬다. (겉면에서 보았을 때), 바늘비우기, 안뜨기로 2코 모아뜨기, 마지막 2코는 안뜨기.
편물이 다음과 같은 치수가 될 때 단춧구멍을 만들기 위해 코 줄임한다.
1/3개월 사이즈: 2, 7, 12, 17cm.
6/9개월 사이즈: 2, 7, 12, 18cm.
12/18개월 사이즈: 2, 8, 13, 19cm.
2세 사이즈: 2, 8, 14, 20cm.
3/4세 사이즈: 2, 9, 16, 22cm.
5/6세 사이즈: 2, 9, 16, 24cm.

DECREASE [tip] 코 줄임 [팁] (진동과 브이넥에 적용):
진동과 브이넥의 가터뜨기 가장자리 4코 안에서 1코 코 줄임한다. 모든 코 줄임은 겉면에서 이루어진다.
가터뜨기 가장자리 4코 (뜬) 후에 다음과 같이 코 줄임한다: 겉뜨기하듯이 1코 걸러뜨기, 겉1, 방금 겉뜨기한 코 위로 걸러뜨기한 코를 덮어씌운다. (즉, skpo 오른코 줄임)
가터뜨기 가장자리 4코 (뜨기) 전에 다음과 같이 코 줄임한다: 가장자리 4코의 2코 전에 시작해서 왼코 줄임 (남은 4코는 가터뜨기한다.)

KNITTING [tip] 뜨개 [팁]:
가터뜨기의 리지와 실 무게 때문에 입었을 때 편물이 다소 늘어질 수도 있다. 진동이 너무 길어지는 것을 막기 위해 마지막에 진동 주위를 코바늘로 1단 둘러주면 된다.

VEST:
Work piece in 3 parts, bottom up, up to after vent, then work body back and forth from mid front before dividing piece at the armhole and finish each part separately.

RIGHT FRONT PIECE:
Cast on 30-33-35 (38-40-42) sts (incl 4 band sts towards mid front) on circular needle size 3mm with Baby Merino. Work in GARTER ST back and forth on needle - see explanation above but P the 4 edge sts towards mid front on every row (= band). When piece measures 4-4-4 (6-6-6)cm - adjust so that last row is from WS, put piece aside.

LEFT FRONT PIECE:
Cast on and work as right front piece but reversed. In addition dec for BUTTON HOLES on band - see explanation above! When left front piece is the same length as right front piece - adjust so that last row is from WS, put piece aside.

BACK PIECE:
Cast on 52-58-62 (68-72-76) sts on circular needle size 3mm with Baby Merino. Work in garter st back and forth until back piece is the same length as both front pieces - adjust so that last row is from WS.

BODY:
Beg from RS and work sts from right front piece (remember to P band sts on every row until finished measurements), work sts from back piece and then sts from left front piece (remember to P band sts on every row until finished measurements) = 112-124-132 (144-152-160) sts on needle. Continue to work in garter st back and forth and P bands on every row. REMEMBER THE KNITTING TENSION and

How to Read English Knitting Patterns

VEST 조끼:

아래에서 위로 세 조각의 편물로 뜨다가 트임 부분 이후에는 앞판 중심에서 시작해 몸판을 (함께) 평뜨기로 뜬다. 진동에서 각 조각을 나누어 따로따로 떠 완성한다.

RIGHT FRONT PIECE 오른쪽 앞판:

3mm 줄바늘과 Baby Merino 실로 30-33-35 (38-40-42)코를 잡는다. (앞판 중심의 단 4코 포함) 평뜨기로 가터뜨기한다. - 위의 설명을 참고한다. 이때 앞판 중심의 가장자리 4코는 매단 안뜨기한다. (= 앞 단) 편물이 4-4-4 (6-6-6)cm가 될 때까지 뜬다. - 마지막 단이 안면 단이 되도록 끝내고 쉼코로 둔다.

LEFT FRONT PIECE 왼쪽 앞판:

오른쪽 앞판과 동일하게 코를 잡고 뜨는데 모양을 대칭되게 한다. 그리고 앞 단에서 단춧구멍을 만들기 위해 코 줄임한다. -위의 설명을 참고한다. 왼쪽 앞판이 오른쪽 앞판과 같은 길이가 되면 - 마지막 단이 안면 단이 되도록 끝내고 쉼코로 둔다.

BACK PIECE 뒤판:

3mm 줄바늘과 Baby Merino 실로 52-58-62 (68-72-76)코를 잡는다. 편물이 앞판 조각과 같은 길이가 될 때까지 평뜨기로 가터뜨기한다. - 마지막 단이 안면 단이 되도록 끝낸다.

BODY 몸판:

편물의 겉면에서 시작해 오른쪽 앞판 코 뜨기 (옷을 완성할 때까지 앞 단 4코는 매 단 안뜨기하는 것을 기억하세요), 뒤판 코 뜨기, 왼쪽 앞판 코 뜨기 (옷을 완성할 때까지 앞 단 4코는 매 단 안뜨기하는 것을 기억하세요) = 총 112-124-132 (144-152-160)코. 계속해서 앞 단 코는 매 단 안뜨기하며 평뜨기로 가터뜨기한다.

remember to dec for BUTTONHOLES on left band. When piece measures 17-18-19 (20-22-24)cm, work next row from RS as follows: Work 27-30-32 (35-37-39) sts as before (= right front piece), cast off 6 sts for armhole, work 46-52-56 (62-66-70) sts as before (= back piece), cast off 6 sts for armhole and work the remaining 27-30-32 (35-37-39) sts as before (= left front piece). Finish each part separately.

BACK PIECE:
= 46-52-56 (62-66-70) sts. Continue to work in garter st back and forth on needle. AT THE SAME TIME on first row from RS, dec 1 st in each side for armholes - Read DECREASE [tip]! Repeat dec in each side every 4th row (i.e. every other row from RS) 4 times in total = 38-44-48 (54-58-62) sts. Continue in garter st. When piece measures 23-25-27 (29-32-35)cm, cast off the middle 16-16-18 (20-20-20) sts for neck and finish each shoulder separately. On next row from RS dec 1 st for neck - READ DECREASE [tip]. K 1 row from WS and repeat dec on next row from neck = 9-12-13 (15-17-19) sts remain on shoulder. Cast off when piece measures 25-27-29 (31-34-37)cm. Repeat on the other shoulder.

RIGHT FRONT PIECE:
= 27-30-32 (35-37-39) sts. Continue back and forth as before while AT THE SAME TIME cast off for armhole in the side as on back piece. AT THE SAME TIME when piece measures 18-19-20 (21-23-25)cm, dec 1 st for V-neck towards mid front - READ DECREASE [tip]. Repeat dec every other row 14 times in all sizes and then every 4th row 0-0-1 (2-2-2) times in total. After all dec for armhole and V-neck, 9-12-13 (15-17-19) sts remain on needle. Continue until piece measures 25-27-29 (31-34-37)cm and cast off.

LEFT FRONT PIECE:
= 27-30-32 (35-37-39) sts. Work as right front piece but reversed - NOTE: Beg dec for V-neck approx. 1cm after last buttonhole on band.

ASSEMBLY:
Sew the shoulder seams. Sew on buttons (buttons on photo are sewn on with WS outwards).

POCKET:
Cast on 14-14-20 (20-24-24) sts on needle size 3mm with Baby Merino. Continue in garter st until pocket measures 7-7-9 (9-12-12)cm, loosely cast off.

게이지가 변하지 않도록 유의하며 왼쪽 앞 단에서는 단춧구멍을 만들기 위해 코 줄임하는 것을 기억하세요. 편물이 17-18-19 (20-22-24)cm가 되면, 다음과 같이 겉면에서 다음 단을 뜬다: 27-30-32 (35-37-39)코 무늬대로 뜨기 (= 오른쪽 앞판), 진동 6코 코 막음, 46-52-56 (62-66-70)코 무늬대로 뜨기 (=뒤판), 진동 6코 코 막음, 남은 27-30-32 (35-37-39)코 무늬대로 뜨기 (= 왼쪽 앞판). 이제 각 조각을 따로따로 떠 완성한다.

BACK PIECE 뒤판:

= 46-52-56 (62-66-70)코. 계속해서 평뜨기로 가터뜨기한다. 이와 동시에 편물의 겉면 1번째 단에서는 진동을 만들기 위해 양 끝에서 1코씩 코 줄임한다. - 코 줄임 팁을 참고한다. 4번째 단마다(즉, 겉면 단 2번에 1번) 양 끝에서 코 줄임을 총 4회 반복한다. = 총 38-44-48 (54-58-62)코. 계속해서 가터뜨기로 뜬다. 편물이 23-25-27 (29-32-35)cm가 되면, (뒷)목 중심의 16-16-18 (20-20-20)코를 코 막음하고 양쪽 어깨를 따로 떠 마무리한다. 다음 겉면 단의 목 가장자리에서 1코 코 줄임한다. - 코 줄임 팁을 참고한다. 안면에서 겉뜨기로 1단 뜨고 다음 단에서 목 코 줄임을 반복한다. = 어깨에 9-12-13 (15-17-19)코 남음. 편물이 25-27-29 (31-34-37)cm가 되면 코 막음한다. 반대쪽 어깨도 동일하게 뜬다.

RIGHT FRONT PIECE 오른쪽 앞판:

= 27-30-32 (35-37-39)코. 평뜨기로 이전과 같이 뜨는데 이와 동시에 뒤판과 동일하게 가장자리에서 진동 코 줄임한다. 이와 동시에 편물이 18-19-20 (21-23-25)cm가 되면 앞판 중심에서 1코씩 브이넥 코 줄임한다. - 코 줄임 팁을 참고한다. 모든 사이즈에서 2번째 단마다 14회, 4번째 단마다 0-0-1 (2-2-2)회 코 줄임한다. 진동과 브이넥 코 줄임이 모두 끝나면 바늘에 9-12-13 (15-17-19)코 남음. 계속해서 편물이 25-27-29 (31-34-37)cm가 될 때까지 뜨고 코 막음한다.

LEFT FRONT PIECE 왼쪽 앞판:

= 27-30-32 (35-37-39)코. 오른쪽 앞판과 동일하게 뜨되 모양이 대칭되도록 뜬다. - 주의: (왼쪽) 앞 단의 마지막 단춧구멍을 만든 후 약 1cm 되는 곳에서 브이넥 코 줄임을 시작한다.

ASSEMBLY 조립:

어깨솔기를 잇는다. 단추를 단다. (사진 속의 단추는 안면이 바깥쪽으로 나오도록 바느질했다.)

POCKET 주머니:

3mm 바늘과 Baby Merino 실로 14-14-20 (20-24-24)코 잡는다. 계속해서 가터뜨기로 주머니가 7-7-9 (9-12-12)cm가 될 때까지 뜨고 느슨하게 코 막음한다.

Knit another pocket. Fold the upper 1-2cm on each pocket out towards RS and fasten edge in each side on pocket. Sew 1 pocket on each front piece with grafting/kitchener stitches (place pockets approx. 4-6cm from mid front and approx. 3-6cm from the bottom edge).

KNEE PANTS:

GARTER ST (back and forth):
K all rows. 1 ridge = 2 rows K.

INCREASE [tip]:
Inc 1 st by making 1 YO. On next round K YO twisted to avoid holes.

DECREASE [tip]:
Beg 2 sts before marker and work as follows: K 2 tog, slip 1 st as if to K, K 1, psso.

KNEE PANTS:
Worked in the round from the waist down.
Cast on 104-112-128 (136-144-152) sts on circular needle size 2.5mm with Baby Merino - beg of round = mid back. **Work rib as follows:** K 1, * P 2, K 2 *, repeat from *-* until 3 sts remain and finish with P 2 and K 1. When rib measures 2cm, work an eyelet row as follows: K 1, * P 2 tog, 1 YO, K 2 *, repeat from *-* until 3 sts remain, finish with P 2 tog, 1 YO and K 1. Continue to work until rib measures 3-3-3 (4-4-4)cm. Switch to circular needle size 3mm and K 1 round while AT THE SAME TIME inc 20-22-16 (18-20-20) sts evenly = 124-134-144 (154-164-172) sts.

ELEVATION AT THE BACK: Now work the pants higher at the back. Work in stocking st back and forth as follows: Beg mid back and K 6-6-7 (7-8-8), turn piece (to avoid holes, slip 1st st on return and tighten yarn). P 12-12-14 (14-16-16), turn piece. K 18-18-21 (21-24-24), turn piece. P 24-24-28 (28-32-32), turn piece. Continue like this by working 6-6-7 (7-8-8) sts more on every turn 6 more times (= 10 short rows in total). Then continue in stocking st in the round over all sts.

INCREASES: When piece measures 10-13-14 (15-16-18)cm from the waist (measured

주머니를 한 장 더 뜬다. 각 주머니의 위쪽 1~2cm를 겉면 쪽으로 뒤집어 접고 양쪽 가장자리를 주머니에 고정시킨다. 각 앞판 조각에 주머니를 하나씩 메리야스잇기로 꿰맨다. (주머니를 앞판 중심에서 약 4~6cm 그리고 아래쪽 가장자리에서 약 3-6cm 떨어진 위치에 자리를 잡는다.)

KNEE PANTS 반바지:

GARTER ST (back and forth) 가터뜨기 (평뜨기):
모든 단 겉뜨기한다. 1 리지 = 겉뜨기로 2단 뜬다.

INCREASE [tip] 코 늘림 [팁]:
바늘비우기를 해 1코를 늘린다. 다음 단에서 바늘비우기 코를 꼬아 떠 구멍이 생기는 것을 막는다.

DECREASE [tip] 코 줄임 [팁]:
다음과 같이 마커 2코 전에서 시작한다: 왼코 줄임, 겉뜨기하듯이 1코 걸러뜨기, 겉1, 방금 겉뜨기한 코 위로 걸러뜨기한 코를 덮어씌운다. (즉, skpo 오른코 줄임)

KNEE PANTS 반바지:
허리에서 시작해 아래로 원통뜨기로 뜬다.
2.5mm 줄바늘과 Baby Merino 실로 104-112-128 (136-144-152)코를 잡는다. - 단 시작 = 뒤판 중심.
다음과 같이 고무뜨기로 뜬다: 겉1, * 안2, 겉 2 *, *-*를 3코가 남을 때까지 반복, 안2, 겉1로 끝낸다. 고무뜨기 단이 2cm가 되면 다음과 같이 구멍 단을 뜬다: 겉1, * 안뜨기로 2코 모아뜨기, 바늘비우기, 겉 2 *, *-*를 3코 남을 때까지 반복, 안뜨기로 2코 모아뜨기, 바늘비우기, 겉1로 끝낸다. 계속해서 고무뜨기 단이 3-3-3 (4-4-4)cm가 되면. 3mm 줄바늘로 바꿔 겉뜨기로 1단 뜨는데, 이와 동시에 20-22-16 (18-20-20)코를 고르게 분배해 코 늘림한다. = 총 124-134-144 (154-164-172)코.
ELEVATION AT THE BACK 뒤판 높이기: 이제 바지의 뒤판을 더 높게 뜬다. 다음과 같이 평뜨기로 메리야스뜨기한다: 뒤판 중심에서 시작해 겉6-6-7 (7-8-8), 편물을 돌린다. (구멍이 생기는 것을 막기 위해 편물을 돌린 후 1코를 걸러뜨기하고 실을 단단히 잡아당긴다.) 안12-12-14 (14-16-16), 편물을 돌린다. 겉18-18-21 (21-24-24), 편물을 돌린다. 안24-24-28 (28-32-32), 편물을 돌린다. 계속해서 위와 같이 1번 돌아올 때마다 6-6-7 (7-8-8)코씩 더해가며 6회 더 반복한다. (= 경사뜨기 총 10단). 계속해서 모든 코를 이용해 원통뜨기로 메리야스뜨기한다.
INCREASES 코 늘림: 편물이 허리에서 10-13-14 (15-16-18)cm가 되면, (앞판 중심에서 쟀을 때) 단 시작에 마커 한 개, 62-67-72 (77-82-86)코 후에 마커 한 개를 건다. (앞판 중심과 뒤판 중심을 표시한다.)

mid front), insert 1 marker at the beg of round and 1 marker after 62-67-72 (77-82-86) sts (marks mid front and mid back of pants). Then inc 1 st on each side of all these markers - READ INCREASE [tip] (= 4 sts inc). Repeat inc on every 3rd round a total of 5 times = 144-154-164 (174-184-192) sts. After last inc piece measures approx. 14-17-18 (19-20-22)cm from the waist (measures mid front).

LEG:
Beg mid back, work the first 72-77-82 (87-92-96) sts and slip the other sts on 1 stitch holder. Switch to double pointed needles size 3mm and work in stocking st in the round. Insert 1 marker at beg of round = inside of leg. When 1cm has been worked, dec 1 st on each side of marker - SEE DECREASE [tip] (= 2 sts dec). Repeat dec every 2nd-2nd-4th (6th-8th-8th) round 7 times in total in all sizes = 58-63-68 (73-78-82) sts.
When leg measures 5-6-10 (14-16-18)cm (last dec should be done), K 1 round while dec 8-9-8 (9-8-8) sts evenly = 50-54-60 (64-70-74) sts. Cut the yarn.

EDGE in garter ST:
Beg from RS on the side on right leg (i.e. 25-27-30 (32-35-37) sts after inside of leg). Switch to circular needle size 2.5mm, work in garter ST back and forth - see explanation above and cast on 6 new sts at the end of first row from WS = 56-60-66 (70-76-80) sts on needle. When edge in garter st measures 1cm, dec for 1 buttonhole at beg of row (seen from RS, i.e. where new sts were cast on) as follows: K tog third and fourth from edge and make 1 YO. When edge in garter st measures 2cm, loosely cast off.

Work the other leg the same way but reversed.
Pants measures approx. 21-25-30 (35-38-42)cm from waist and down (measured mid front).
Sew 1 button on edge in garter st at the bottom of each leg - place button to desired leg width.

TIES:
Cut 3 lengths Baby Merino yarn of approx. 3 metres each. Twine the strands tog until they resist, fold the string double so that it twines again. Make a knot at each end. Beg mid front and thread tie up and down through eyelet row on rib in waist of pants.

각각의 마커 양옆에서 1코씩 코늘림한다. - 코 늘림 팁을 참고한다. (= 4코 늘어남). 코 늘림을 3번째 단마다 총 5회 반복한다. = 총 144-154-164 (174-184-192)코. 마지막 코 늘림 후에 편물이 허리에서 약 14-17-18 (19-20-22)cm가 된다. (앞판 중심에서 쟀을 때)

LEG 다리:

뒤판 중심에서 시작해 처음 72-77-82 (87-92-96)코를 뜨고 반대편에 남은 코는 안전핀에 옮겨 쉼코로 둔다. 3mm 장갑바늘로 바꿔 원통뜨기로 메리야스뜨기한다. 단 시작에 마커를 걸어 표시한다. = 다리의 안쪽. 1cm를 뜨고 나서 마커 양옆에서 1코씩 코 줄임한다. - 코 줄임 팁을 참고한다. (= 2코 줄어듦). 모든 사이즈에서 2번째-2번째-4번째 (6번째-8번째-8번째) 단마다 코 줄임을 총 7회 반복한다. = 총 58-63-68 (73-78-82)코.

다리 길이가 5-6-10 (14-16-18)cm가 되면, (마지막 코 줄임이 끝나야 한다.) 겉뜨기로 1단 뜨는데 이와 동시에 고르게 분배해 8-9-8 (9-8-8)코를 코 줄임한다. = 총 50-54-60 (64-70-74)코. 실을 자른다.

EDGE in garter ST 가터뜨기 단:

겉면의 오른쪽 다리 가장자리에서 시작해 (즉, 다리 안쪽에서 25-27-30 (32-35-37)코 후). 2.5mm 줄바늘로 바꿔, 평뜨기로 가터뜨기한다. - 위의 설명을 참고한다. 안면의 1번째 단 끝에서 6코를 새로 잡는다. = 바늘에 56-60-66 (70-76-80)코 있음. 가터뜨기 단이 1cm가 되면, 단 시작 (즉, 겉면에서 봤을 때 새로 코를 잡은 곳)에서 단춧구멍을 1개 만들기 위해 다음과 같이 코 줄임한다: 가장자리에서 3번째 코와 4번째 코를 모아뜨기하고 바늘비우기한다. 가터뜨기 단이 2cm가 되면 느슨하게 코 막음한다.

반대편 다리도 동일하게 뜨는데 모양이 대칭되게 한다.
바지 길이가 허리에서 약 21-25-30 (35-38-42)cm가 된다. (앞판 중심에서 쟀을 때).
양쪽 다리 아래쪽 가터뜨기 단에 단추를 한 개씩 단다. - 원하는 다리 너비에 맞춰 단추를 꿰맨다.

TIES 끈:

Baby Merino 실을 약 3m 길이로 세 줄 자른다. 더이상 꼬이지 않을 때까지 실 세 줄을 함께 꼰다. 줄을 반으로 접어 다시 꼬이게 한다. 양쪽 끝에 매듭을 만든다. 꼬아 만든 끈을 앞판 중심에서 시작해 바지 허리에 있는 고무뜨기 구멍 단 위아래로 통과시킨다.

SOCK:

PATTERN:
See diagram A.1.

DECREASE [tip]:
Dec as follows before marker: Beg 2 sts before marker and K 2 tog.
Dec as follows after marker: Slip 1 st as if to K, K 1, psso.

HEEL DECREASE:
Row 1 (= from RS): Work until 6-6-6 (6-6-6) sts remain, slip next st as if to K, K 1, psso, turn piece.
Row 2 (= from WS): Work until 6-6-6 (6-6-6) sts remain, slip next st as if to P, P 1, psso, turn piece.
Row 3: Work until 5-5-5 (5-5-5) sts remain, slip next st as if to K, K 1, psso, turn piece.
Row 4: Work until 5-5-5 (5-5-5) sts remain, slip next st as if to P, P 1, psso, turn piece.
Continue dec like this with 1 st less before every dec until 8-10-10 (12-12-12) sts remain on needle.

SOCK 양말:

PATTERN 무늬:

표 A.1.을 참고한다.

코 줄임 [팁]:

마커 전에서 다음과 같이 코 줄임한다: 마커 2코 전에서 시작, 왼코 줄임

마커를 옮긴 후 다음과 같이 코 줄임한다: 겉뜨기하듯이 1코 걸러뜨기, 겉1, 겉뜨기한 코 위로 걸러뜨기한 코를 덮어씌운다. (즉, skpo 오른코 줄임)

뒤꿈치 코 줄임:

1단 (= 겉면 단): 6-6-6 (6-6-6)코 남을 때까지 뜨기, 겉뜨기하듯이 1코 걸러뜨기, 겉1, 겉뜨기한 코 위로 걸러뜨기한 코를 덮어씌운다. 편물을 돌린다.

2단(= 안면 단): 6-6-6 (6-6-6)코 남을 때까지 뜨기, 안뜨기하듯이 1코 걸러뜨기, 안1, 안뜨기한 코 위로 걸러뜨기한 코를 덮어씌운다. 편물을 돌린다.

3단: 5-5-5 (5-5-5)코 남을 때까지 뜨기, 겉뜨기하듯이 1코 걸러뜨기, 겉1, 겉뜨기한 코 위로 걸러뜨기한 코를 덮어씌운다. 편물을 돌린다.

4단: 5-5-5 (5-5-5)코 남을 때까지 뜨기, 안뜨기하듯이 1코 걸러뜨기, 안1, 안뜨기한 코 위로 걸러뜨기한 코를 덮어씌운다. 편물을 돌린다.

계속해서 위의 코 줄임과 같이 매번 코 줄임 전에 1코 적게 뜨며 바늘에 8-10-10 (12-12-12)코 남을 때까지 진행한다.

SOCK:
Worked in the round on double pointed needles. Cast on 40-48-48 (56-56-56) sts on double pointed needles size 2.5mm with red and work rib K 2/P 2 for 2-2-2 (3-3-3)cm. Insert 1 marker at beg of round (= mid back). Then continue pattern in the round according to diagram A.1. AT THE SAME TIME when piece measures 3-3-4 (5-6-8)cm, dec 2 sts mid back - SEE DECREASE [tip]. Repeat dec every 3-2-2 (1½-1½-1½)cm 2-4-4 (5-5-5) times in total = 36-40-40 (46-46-46) sts - **NOTE:** When dec mid back, the pattern will not fit mid back, but make sure that pattern fits around the sock. Work until piece measures approx. 9-10-12 (13-16-19)cm, adjust after a whole border in pattern. Now keep the middle 18-20-20 (22-22-22) sts mid back on needle for heel and slip the middle 18-20-20 (24-24-24) sts on 1 stitch holder (= mid on top of foot). Work in stocking st back and forth over heel sts with red for 3-3½-4 (4½-5-5)cm. Insert 1 marker in middle of piece. Then work HEEL DECREASE - see explanation above! Then pick up 8-9-10 (12-13-13) sts on each side of heel and slip sts from stitch holder back on needle = 42-48-50 (60-62-62) sts on needle. Continue in the round with stocking st and A.1 as before - **NOTE:** Repeat A.1 vertically until toe dec. Pattern will not fit in repetition mid under foot and in the sides where the dec below is done as explained below but make sure that the pattern fits around the sock.

AT THE SAME TIME dec on each side of the 18-20-20 (24-24-24) sts on top of foot as follows: K the last 2 sts before the 18-20-20 (24-24-24) sts tog and K the first 2 sts after the same sts twisted tog. Dec every other round 3-5-5 (10-10-10) times in total = 36-38-40 (40-42-42) sts.

Continue to work until piece measures approx. 8-9-9½ (10½-11-13)cm from marker on heel (approx. 2-2-2½ (2½-4-4)cm remain until finished measurements). Insert 1 marker in each side so that there are 18-19-20 (20-21-21) sts on both upper foot and under foot. Switch to red and work in stocking st in the round AT THE SAME TIME dec for toes on each side of both markers - SEE DECREASE [tip]! Repeat dec every other round 0-0-0 (0-5-5) times and then every round 7-7-8 (8-3-3) times in total = 8-10-8 (8-10-10) sts remain on needle. Cut the yarn and pull it through the remaining sts, tighten tog and fasten. Sock measures approx. 10-11-12 (13-15-17) cm.

Knit another sock.

SOCK 양말:

장갑바늘로 원통뜨기한다. 2.5mm 장갑바늘과 빨간색 실로 40-48-48 (56-56-56)코 잡아 겉2/안2 즉, 2코 고무뜨기로 2-2-2 (3-3-3)cm 뜬다. 단 시작에 마커를 걸어 표시한다. (= 뒷중심). 표 A.1.을 참고해 무늬대로 원통뜨기한다. 이와 동시에 편물이 3-3-4 (5-6-8)cm가 되면, 뒷중심에서 2코 코 줄임한다. - 코 줄임 팁을 참고한다. 위의 코 줄임을 3-2-2 (1½-1½-1½)cm마다 총 2-4-4 (5-5-5)회 반복한다. = 총 36-40-40 (46-46-46)코. - **주의:** 뒤 중심에서 코 줄임 할 때, 뒤 중심의 무늬가 맞지 않을 것이지만 전체적으로 양말 무늬가 맞도록 주의한다. 편물이 약 9-10-12 (13-16-19)cm가 될 때까지 뜨는데 무늬 전체 단을 뜬 후로 맞춘다. 이제 뒤꿈치가 될 뒷중심 가운데 18-20-20 (22-22-22)코는 바늘에 두고, 가운데 18-20-20 (24-24-24)코는 안전핀으로 옮겨 쉼코로 둔다. (= 발등 중심). 빨간색 실로 뒤꿈치코를 평뜨기로 3-3½-4 (4½-5-5)cm 메리야스뜨기한다. 편물 중심에 마커를 걸어 표시한다. 뒤꿈치 코 줄임을 한다. - 위의 설명을 참고한다. 뒤꿈치 양쪽 가장자리에서 8-9-10 (12-13-13)코씩 줍고 안전핀에 쉼코로 둔 코를 바늘로 옮긴다. = 바늘에 42-48-50 (60-62-62)코 있음. 계속해서 메리야스뜨기와 표 A.1으로 원통뜨기한다. - **주의:** 발가락 코 줄임까지 표 A.1을 세로로 반복한다. 설명대로 아래에서 코 줄임을 하면 발바닥 중심과 옆면에서 무늬 반복이 맞지 않을 것이지만 전체적으로 양말 무늬가 맞도록 주의한다.

이와 동시에 발등 18-20-20 (24-24-24)코 양쪽 가장자리에서 다음과 같이 코 줄임한다: 발등 18-20-20 (24-24-24)코(를 뜨기 전) 마지막 2코를 모아뜨기, 같은 코 후(즉, 발등 18-20-20 (24-24-24)코를 뜬 후), 처음 2코를 꼬아서 모아뜨기한다. 위의 코 줄임을 2번째 단마다 총 3-5-5 (10-10-10)회 반복한다. = 총 36-38-40 (40-42-42)코.

계속해서 편물이 뒤꿈치에 표시한 마커에서 약 8-9-9½ (10½-11-13)cm가 될 때까지 뜬다. (완성치수까지 약2-2-2½ (2½-4-4)cm 남음). 양쪽 가장자리에 마커를 걸어 표시한다. 발등과 발바닥에 각 18-19-20 (20-21-21)코 있음. 빨간색 실로 바꿔 원통뜨기로 메리야스뜨기한다. 이와 동시에 마커 양옆에서 발가락 부분 코 줄임한다. - 코 줄임 팁을 참고한다. 위의 코 줄임을 2번째 단마다 0-0-0 (0-5-5)회 그리고 매단 총 7-7-8 (8-3-3)회 반복한다. = 바늘에 8-10-8 (8-10-10)코 남음. 실을 자르고 남은 코 사이로 통과 시켜 단단히 잡아당기고 매듭짓는다. 양말 길이는 약 10-11-12 (13-15-17)cm가 된다.

양말 한 짝을 더 뜬다.

HAT:

PATTERN: See diagram A.2.

HAT:
Worked in the round on double pointed needles. Cast on 96-104-104 (112-120-120) sts on double pointed needles size 2.5mm with off white. Work rib = K 2/P 2 for 3-4-4 (5-5-5)cm. Switch to double pointed needles size 3mm and K 1 round with red while AT THE SAME TIME dec 8 sts evenly = 88-96-96 (104-112-112) sts. Then work according to diagram A.2. On every round with star dec 12 sts evenly (dec 5 times in total). Work until A.2 has been worked a time vertically - see arrow for your size = 28-36-36 (44-52-52) sts. K all sts tog 2 by 2 = 14-18-18 (22-26-26) sts. Pull a double yarn through the remaining sts and fasten tightly. Hat measures approx. 16-17-18 (19-20-20)cm.

POMPOM:
Make a pompom with an approx. diameter of 3cm in off white. Fasten pompom at the top in the tip of hat.

BOW:

GARTER ST (back and forth):
K all rows. 1 ridge = 2 rows K.

HAT 모자:

PATTERN 무늬: 표 A. 2를 참고한다.

HAT 모자:

장갑바늘을 이용해 원통뜨기로 뜬다. 2.5mm 장갑바늘과 오프 화이트색 실로 96-104-104 (112-120-120)코를 잡는다. 고무뜨기로 뜬다. = 겉2/안2 즉, 2코 고무뜨기로 3-4-4 (5-5-5)cm. 3mm 장갑바늘로 바꿔 빨간색 실로 겉뜨기 1단 뜬다. 이와 동시에 고르게 분배해 8코 코 줄임한다. = 총 88-96-96 (104-112-112)코. 이제 표 A. 2를 참고해 진행한다. 별 표시가 있는 모든 단에서 12코를 고르게 분배해 코 줄임한다. (총 5회 코 줄임). 표 A. 2를 세로로 1번 뜰 때까지 진행한다. - 내가 뜨는 사이즈의 화살표를 참고한다. = 총 28-36-36 (44-52-52)코. 모든 코를 2코씩 모아뜨기한다. = 총 14-18-18 (22-26-26)코. 실 두 겹을 남은 코 사이로 통과시켜 단단히 잡아당기고 매듭짓는다. 모자 길이는 약 16-17-18 (19-20-20)cm가 된다.

POMPOM 폼폼:

오프 화이트색 실로 지름 약 3cm 폼폼을 만든다. 폼폼을 모자 위에 단다.

BOW 리본:

GARTER ST (back and forth) 가터뜨기 (평뜨기):
모든 단 겉뜨기한다. 1 리지 = 겉뜨기로 2단 뜬다.

BOW:

Cast on 10-12 (14-16) sts on needle size 2.5mm with Fabel. Work ridges in garter ST - see explanation above - back and forth until piece measures 7-8 (9-10)cm, cast off.

MIDDLE BAND:

Cast on 12-12 (14-14) sts on needle size 2.5mm and work 4-4 (5-5) ridges. Cast off. Sew the short ends tog to form a ring.

Pull the bow through the ring and fasten the two parts tog with a couple of stitches. Fasten a ribbon or an elastic through the ring on the back of the bow.

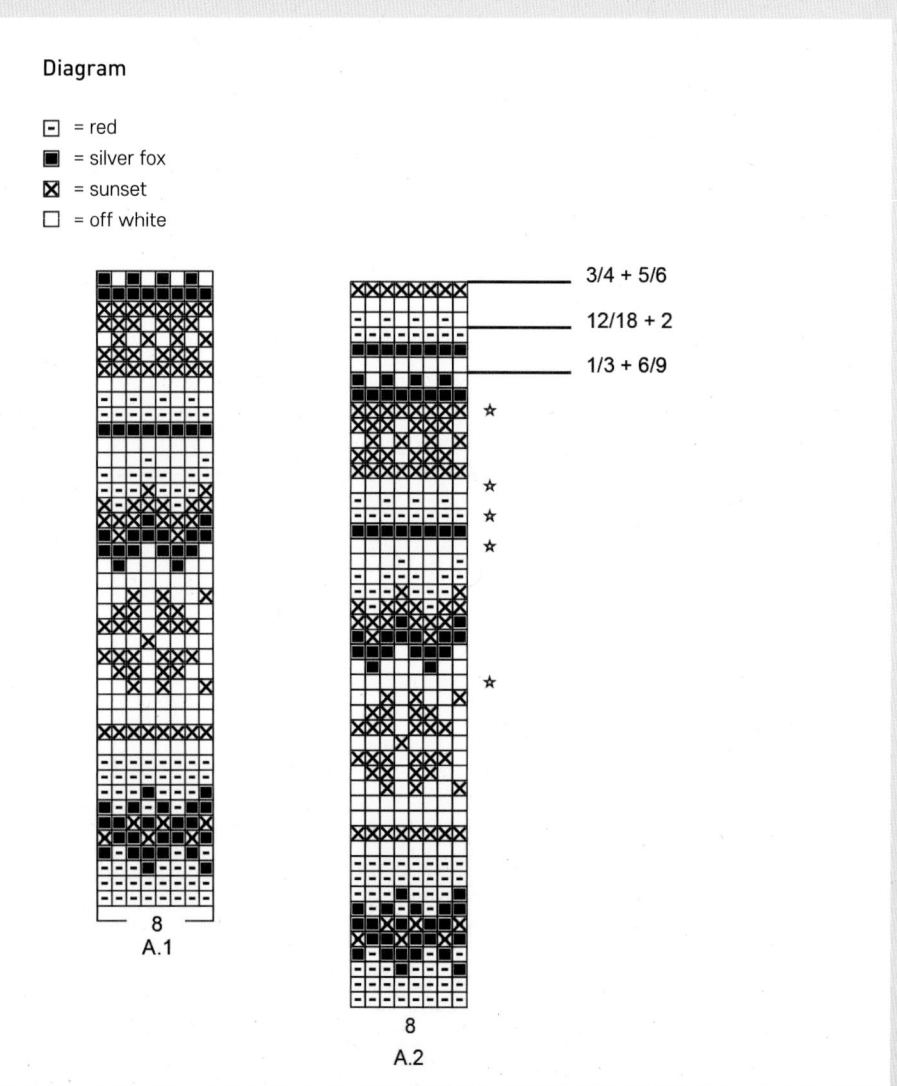

BOW 리본:

2.5mm 바늘과 Fabel 실로 10-12 (14-16)코를 잡는다. 가터뜨기로 리지를 뜬다. - 위의 설명을 참고한다. - 편물이 7-8 (9-10)cm가 될 때까지 평뜨기로 뜨고 코 막음한다.

MIDDLE BAND 중간 고리:

2.5mm 바늘로 12-12 (14-14)코를 잡아 4-4 (5-5)개의 리지를 뜬다. 코 막음한다. 짧은 쪽 가장자리를 마주 대고 꿰매 고리 모양을 만든다.

리본을 고리 사이로 통과시키고 몇 땀을 떠 두 조각을 고정시킨다. 끈이나 고무줄을 리본 뒤 고리 사이로 통과시켜 묶는다.

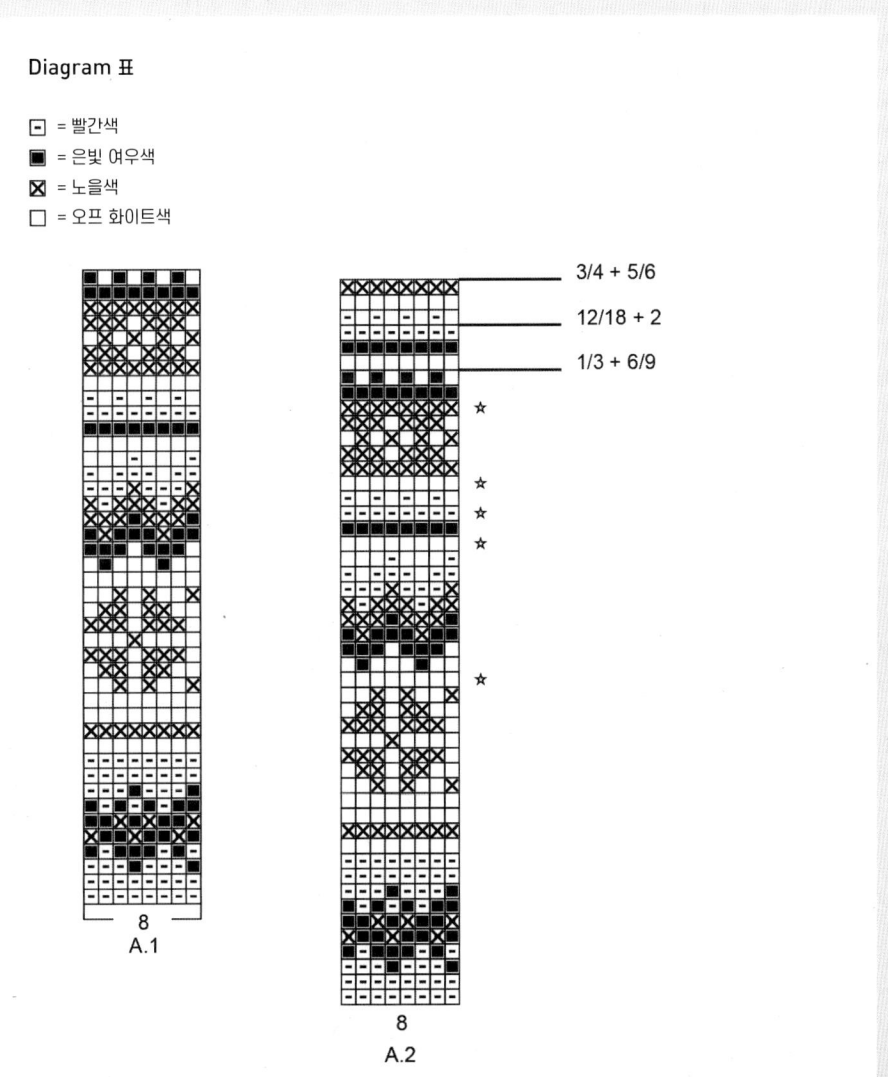

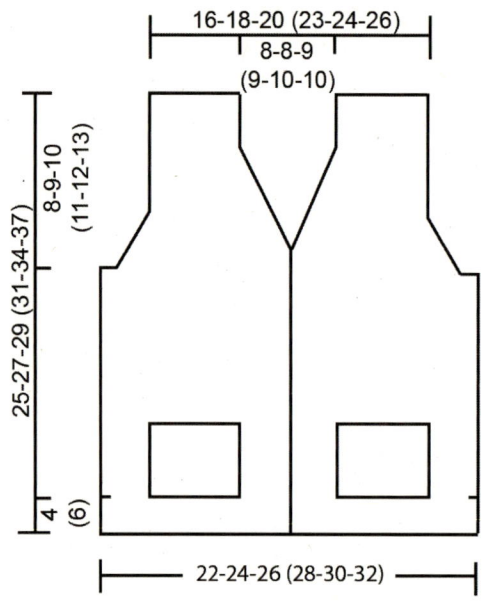
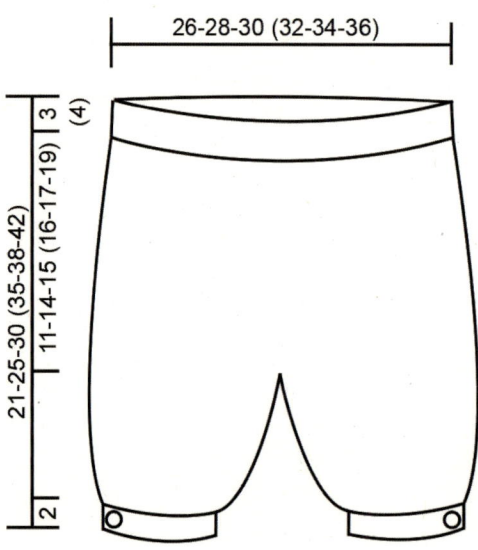

How to Read English Knitting Patterns

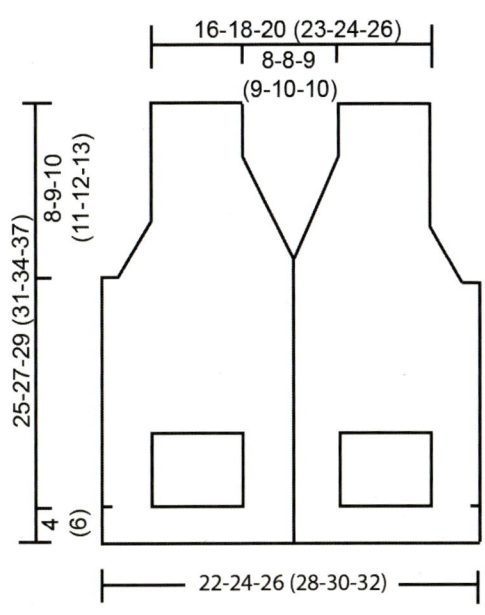

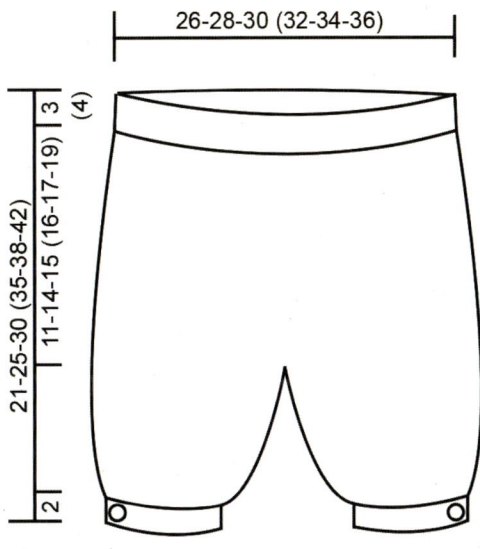

153

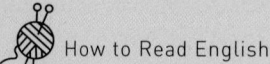 How to Read English Knitting Patterns

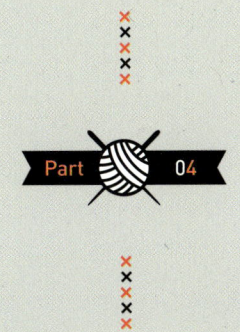

FAQ
자주 묻는 질문

today

How to Read English Knitting Patterns

 ## 몇 번째 사이즈를 선택해야 할까?

먼저 스와치(견본 편물)를 떠 본인의 게이지를 확인한다. 원작의 게이지와 같게 나온다면 가슴둘레에 맞춰 사이즈를 선택하면 된다. 게이지가 다를 경우 본인의 게이지에 옷의 가슴둘레를 곱한다. 곱한 수에 가장 가까운 원작의 가슴둘레 코수를 선택한다.

---

part 3의 Wind Down 도안의 게이지는 21코 28단이다.

만약 나의 게이지가 24코 28단이고 가슴둘레 95cm로 옷을 뜨려고 한다.
10cm 안에 24코, 1cm 안에는 2.4코
2.4 × 95 = 228코가 필요하다.

도안에서 body 코수를 확인한다.
168-184-200-224-248-272코이다.

228코와 가장 가까운 224코, 4번째 사이즈를 선택하면 된다.
코수는 4번째 사이즈를 선택하지만, 단수와 길이는 본인의 사이즈에 맞춰 수정해야 한다.

How to Read English Knitting Patterns

 # right, left, front, back 오른쪽, 왼쪽, 앞, 뒤

right front, left front 오른쪽 앞판, 왼쪽 앞판

영문도안 표는 겉면을 기준으로 그려진다. 그리고 표에서 오른쪽 왼쪽은 입었을 때 기준이다.

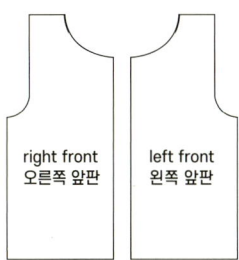

위의 그림에서 오른쪽에 있는 조각은 왼쪽 앞판이다.

reverse shaping 대칭되게 뜨다.

카디건 앞판이나 풀오버 앞목처럼 양쪽을 따로따로 떠야 하는 경우, 한쪽을 뜬 후 반대편은 달리 설명이 없고 대칭되게 뜨라는 표현이 나온다. 코 늘림이나 코 줄임 등 모양 만들기를 반대쪽에서 하면 된다. 왼쪽 앞판 안면 단 시작에서 코 막음을 했다면 오른쪽 앞판에서는 겉면 단 시작에서 코 막음한다.

righthand needle, left hand needle 오른손 바늘과 왼손 바늘

오른손에 쥐고 있는 바늘이 오른손 바늘, 왼손에 쥐고 있는 바늘이 왼손 바늘이다.

front and back 앞과 뒤

앞판과 뒤판 의미 외에도 앞, 뒤, 앞으로, 뒤로의 의미도 가진다. 영문도안에서 앞은 바늘과 편물을 쥐고 있을 때 마주 보고 있는 면을 뜻한다. 뒤는 바늘을 쥐고 있을 때 보이지 않는 반대쪽 면을 의미한다. 앞과 뒤를 겉면 안면과 혼동하지 않도록 한다. 뜨개를 할 때 앞이 안면이 될 수도 뒤가 겉면이 될 수도 있다.

in front of work / yarn to the front / with yarn in front / yarn forward 실을 편물 앞으로
back of your work / yarn to the back / with yarn in back 실을 편물 뒤로

today

How to Read English Knitting Patterns

stitch 코

until - sts left / to last - sts -코 남을 때까지
- sts before -코 전
- sts after -코 후

knit until 2 sts left
knit to last 2 sts
2코 남을 때까지 겉뜨기하다.

knit to marker
마커까지 겉뜨기하다.

knit to 2 sts before marker
마커 2코 전까지 겉뜨기하다.

knit two sts after marker
마커 2코 후까지 겉뜨기하다

first stitch / second stitch 1번째 코 / 2번째 코

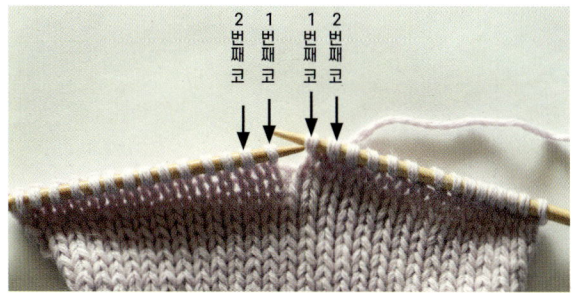

오른손 바늘 1번째, 2번째 코, 왼손 바늘 1번째, 2번째 코는 바늘 끝이 기준이다.

1st 와 1 st
1과 st 사이에 띄어쓰기가 없이 붙어있으면 **first** 1번째가 되고 떨어져 있으면 **one stitch** 1코가 된다.

---

front loop, back loop, right leg, left leg

정면에서 보이는 가닥이 front loop 앞 가닥, 바늘 뒤로 넘어가 있는 가닥이 back loop 뒤 가닥이다.
뒤 가닥에 넣어서 뜨는 것을 tbl (through back loop) 꼬아뜨기라 한다.

 예) k1tbl, p1tbl

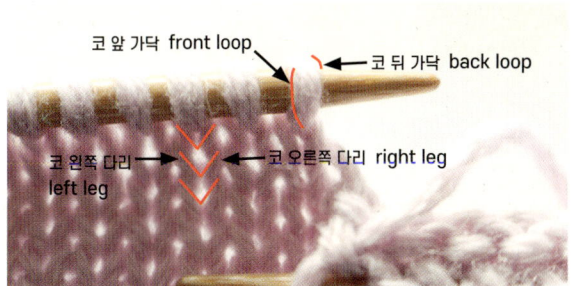

V 모양의 코 오른쪽을 right leg 오른쪽 다리, 코 왼쪽을 left leg 왼쪽 다리라 부른다. 들어 올리는 코 늘림 할 때 이용한다.

live stitches 살아있는 코

코 막음이나 마무리하지 않고 살아있는 코를 뜻한다.

work over –sts -코를 뜨다.

이때의 over는 위가 아니라 범위의 의미이다.

Next row (RS): k1, work Row 1 of Moss stitch over next 10 sts, pm, work Row 7 of chart A over next 24 sts, pm, Row 1 of Moss stitch to last st, k1
다음 단(겉면): 겉1, 다음 10코를 멍석뜨기 1단으로 뜨기, 마커 걸기, 다음 24코를 차트 A의 7단으로 뜨기, 마커 걸기, 1코 남을 때까지 멍석뜨기 1단으로 뜨기, 겉1

How to Read English Knitting Patterns

repetition 반복

( ) [ ] *

괄호, 대괄호, 별표 안의 뜨개 설명 내용은 반복해 뜬다.

k2, p1; rep from to end
*겉2, 안1, *부터를 단 끝까지 반복한다.

[k2, p1]to end
[겉2, 안1]를 단 끝까지 반복한다.

결국, 같은 의미가 된다.

뜨개 도안에서 세미콜론 (;)은 쉼표 (,)와 비슷한 의미이다.

반복 기호가 한 문장 안에 여러 가지 사용될 수도 있다.

이런 경우에는 순서대로 뜨되 작은 괄호 안의 내용 반복 후 큰 괄호 안의 내용을 반복한다.

[k2, (p3, k2) twice] three times

[겉2, (안3, 겉2)를 2회 반복]를 3회 반복
→ 겉2, 안3, 겉2, 안3, 겉2,
　 겉2, 안3, 겉2, 안3, 겉2,
　 겉2, 안3, 겉2, 안3, 겉2.

161

times more 회 더

Dec row: k1, k2tog, k to last 3 sts, skpo, k1.
Work 5 rows even.
Repeat last 6 rows 5 times more.

코 줄임 단: 겉1, 왼코 줄임, 3코 남을 때까지 겉뜨기, 오른코 줄임, 겉1.
평단으로 5단 뜬다.
위의 마지막 6단을 5회 더 반복한다.

결국, 총 6단 + 30단 = 36단을 뜨면 된다.

k5, *work chart, knit 10*, rep from * to * 3 times more
겉5, *차트 뜨기, 겉10*, *에서 *까지를 3회 더 반복한다.

결국, 겉5, [차트 뜨기, 겉10]을 4회 반복하면 된다.

work as for / work same as ~와 동일하게 뜬다.

Work as for back until piece measures 20cm from beg.
편물이 시작점에서 20cm가 될 때까지 뒤판과 동일하게 뜬다.

Work right front same as left front, reversing all shaping.
오른쪽 앞판을 왼쪽 앞판과 동일하게 뜨는데 모양이 대칭되도록 한다.

방울, 라즈베리 스티치 등을 만들 때 둥근 괄호는 그 안의 내용을 모두 1코에 뜬다.

(k1, p1, k1) in the next stitch
다음 코에 (겉1, 안1, 겉1)

(k1, yo, k1) into the same stitch
같은 코에 (겉1, 바늘비우기, 겉1)

 **K0?**

도안을 읽다 보면 k0, p0 등의 표현이 나올 때가 있다. 도안에서 여러 사이즈에 대한 설명이 나오기 때문에 0이라고 나오면 그 사이즈에서는 그 내용을 뜨지 않으면 된다.

k0(0, 3, 3), p8, k0(0, 3, 3)
겉0(0, 3, 3), 안8, 겉0(0, 3, 3)

1번째 사이즈에서는 결국, 안8만 뜨면 된다.

Repeat Decrease Row every other row 0 (2, 4, 6, 8) time(s), every 4th row 2 (4, 4, 4, 4) time(s), every 6th row 0 (2, 4, 4, 4) time(s), and every 8th row 0 (0, 2, 2, 4) time(s).
코 줄임 단을 2번째 단마다 0 (2, 4, 6, 8)회, 4번째 단마다 2 (4, 4, 4, 4)회, 6번째 단마다 0 (2, 4, 4, 4)회, 8번째 단마다 0 (0, 2, 2, 4)회 반복한다.

1번째 사이즈에서는 결국, 코 줄임 단을 4번째 단마다 2회만 반복하면 된다.

마찬가지로 for _ size only라는 표현이 나오면 - 사이즈 외의 사이즈는 그 내용을 뜨지 않으면 된다.

Sizes S (L, XL) Only: Repeat Decrease row once more.
S (L, XL) 사이즈만 적용: 코 줄임 단을 1번 더 반복한다.

즉, XS 사이즈와 M 사이즈는 코 줄임 단을 1번 더 뜨지 않는다.

for all sizes 모든 사이즈 적용
일부 사이즈만 적용되는 내용이 끝나면 대부분 for all sizes 표현이 나온다.

today

How to Read English Knitting Patterns

 at the same time 이와 동시에

동시에 두 군데 이상에서 코 줄임, 혹은 코 늘림해야 하는 경우 쓰이는 표현이다.

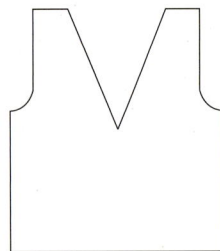

위의 그림에서는 브이넥 코 줄임을 시작하고 몇 단 뒤 진동에서도 동시에 코 줄임을 해야 한다.

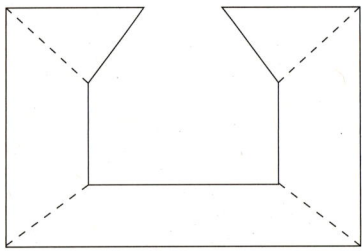

위의 그림에서는 점선으로 표시된 네 군데서 래글런 코 늘림을 하는 동시에 앞목 코 늘림도 진행해야 한다.

How to Read English Knitting Patterns

 ## turn 편물을 돌리다.

주로 경사뜨기(되돌아뜨기)에 많이 쓰이는 표현이다. 겉면을 보고 있었다면 안면이 보이게, 안면을 보고 있었다면 겉면이 보이게 편물을 돌리면 된다.

Turn work. Slip 1 purlwise.
편물을 돌리고 1코를 안뜨기하듯이 걸러 뜬다.

삼각숄 시작에서 **trun**은 **rotate**(회전시키다)의 의미가 된다.

garter tab 가터 탭
CO 3 stitches.
Knit 6 rows.
Turn work 90 degrees and pick up 3 stitches into garter ridge edge – 6 sts.
Turn work another 90 degrees and pick up 3 sts into cast-on edge – 9 sts.

1 3코를 잡는다.

2 겉뜨기로 6단 뜬다.

today

3 편물을 시계방향으로 90도 돌리고 가터 리지 가장자리에서 3코를 줍는다. 총 6코이다.

4 다시 편물을 시계방향으로 90도 돌리고 코를 잡은 가장자리에서 3코를 줍는다. 총 9코이다. 이제 삼각숄을 시작할 준비가 되었다.

rotate 90 degrees clockwise
시계방향으로 90도 회전시키다.

rotate 90 degrees counterclockwise
반시계방향으로 90도 회전시키다.

short rows 경사뜨기 / 되돌아뜨기

경사뜨기란 단을 다 뜨지 않고 편물을 돌려 일부만 떠서 경사를 만드는 것을 의미한다. 양말, 숄을 뜰 때, 숄칼라, 어깨 경사를 만들 때 그리고 탑다운 의류에서 뒷목을 높일 때 뒤판 밑단을 더 길게 뜰 때 등에 자주 쓰인다. 영문도안에서는 w&t가 가장 대표적인 방법이다. 랩앤턴 외에도 German short rows, Japanese short rows, yarn over short rows, m1 short rows 등 다양한 방법이 있다.

w&t 랩앤턴

경사뜨기의 한 가지 방법 - 걸러뜨기한 코에 실을 감고 편물을 돌린다.

겉뜨기에서 랩앤턴

1 랩앤턴이 필요한 곳까지 겉뜨기로 뜬다.

2 다음 코를 안뜨기하듯이 오른손 바늘로 옮긴다.

3 실을 편물 앞으로 가져온다

4 오른손 바늘 코를 다시 왼손 바늘로 옮긴다.

5 코를 옮긴 모습.

> **+** 가로로 감긴 실 가닥을 wrap 그리고 코를 wrapped stitch라고 부른다.

6 편물을 돌린다.

7 남은 코는 안뜨기한다.

안뜨기에서 랩앤턴

1 랩앤턴이 필요한 곳까지 안뜨기로 뜬다.

2 왼손 바늘 코를 안뜨기하듯이 오른손 바늘로 옮긴다.

3 실을 편물 뒤로 보낸다.

4 오른손 바늘 코를 다시 왼손 바늘로 옮긴다.

5 편물을 돌리고 남은 코는 겉뜨기 한다.

겉뜨기에서 랩앤턴 정리

1 wrapped stitch를 만날 때까지 뜬다.

2 오른손 바늘을 코에 감긴 wrap 아래에서 위로 넣는다.

3 wrapped stitch도 넣는다.

4 겉뜨기하듯이 실을 감는다.

5 감은 실을 빼낸다.

6 wrapped stitch가 정리된 모습.

안뜨기에서 랩앤턴 정리

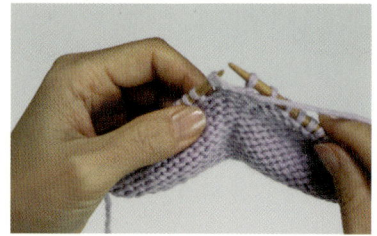

1 wrapped stitch를 만날 때까지 안뜨기하고 wrap을 아래에서 위로 들어 올려 바늘에 건다.

2 wrap과 wrapped stitch 둘 다에 바늘을 넣는다.

3 안뜨기하듯이 실을 감는다.

4 감은 실을 빼낸다.

5 wrapped stitch가 정리된 모습.

완성된 모습

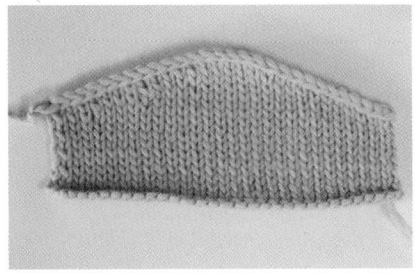 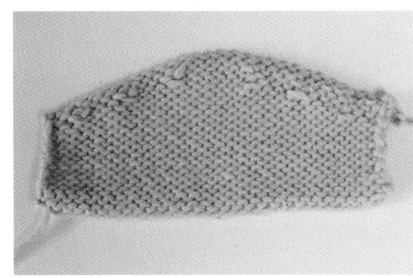

완성 겉면과 안면

위의 사진은 30코로 겉면에서 3회, 안면에서 3회 랩앤턴 후 정리하고 코 막음한 모습이다.

Knit to last 3 sts,
W&T, purl to last 3 sts,
W&T, knit to last 6 sts,
W&T, purl to last 6 sts,
W&T, knit to last 9 sts,
W&T, purl to last 9 sts,
W&T, knit to end picking up wraps as you go.
Next row: Purl to end picking up wraps as you go.

3코 남을 때까지 겉뜨기,
랩앤턴, 3코 남을 때까지 안뜨기,
랩앤턴, 6코 남을 때까지 겉뜨기,
랩앤턴, 6코 남을 때까지 안뜨기,
랩앤턴, 9코 남을 때까지 겉뜨기,
랩앤턴, 9코 남을 때까지 안뜨기,
랩앤턴, 경사뜨기 코를 정리하면서 단 끝까지 겉뜨기한다.
다음 단: 경사뜨기 코를 정리하면서 단 끝까지 안뜨기한다.

 How to Read English Knitting Patterns

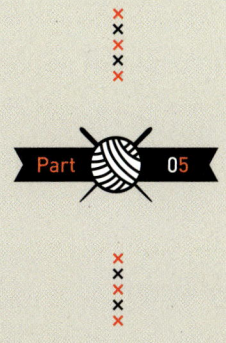

영문도안 손뜨개
약어와 용어

영문도안에 쓰이는 표현을 가능한 한 많이 포함하도록 노력했습니다. 하지만 도안마다 쓰이는 표현이 조금씩 다르고 새로운 표현이 나올 수 있습니다. 혹 이 책에 없는 영문도안 표현이 나올 때는 구글 혹은 유튜브에서 기법이나 표현을 검색하면 쉽게 해결할 수 있습니다. 검색할 때 검색어에 **knitting**을 추가하면 필요한 정보에 가까운 결과가 나올 것입니다.
예 **kfb**가 아닌 **kfb knitting**으로 검색하세요.

today

How to Read English Knitting Patterns

 ## abbreviations and terms 약어와 용어

서술형 도안을 효율적으로 작성하기 위해 약어가 많이 쓰인다. 코바늘보다 대바늘 영문도안에 쓰이는 약어와 용어가 훨씬 많다. 한 번에 외우려 하지 말고 여러 번 읽어 익숙해지도록 한다.

약어

여러 단어를 합쳐 약어를 만든 경우 순서대로 하나씩 풀어보면 이해하기 쉽다.

skpo (slip, knit, pass slip stitch over)
1코 걸러뜨기, 다음 코를 겉뜨기, 겉뜨기한 코를 걸러뜨기한 코 위로 덮어씌우기

약어		설명
alt	alternately	교대로
approx	approximately	약(대략)
beg	begin/beginning	시작 / 시작하다.
bet	between	사이에
BO	bind off	코 막음하다. = cast off
CC	contrasting color	배색실
CDD	centered double decrease	중심 3코 모아뜨기 = s2(tog)kpo
cm	centimeter(s)	센티미터
cn	cable needle	꽈배기바늘
CO	cast on	코 잡다.
cont	continue	계속하다.
dec	decrease / decreases / decreasing	코 줄임 / 코 줄임하다. / 코 줄임하면서

174

How to Read English Knitting Patterns

약어		설명
dpn	double pointed needle	장갑바늘
fl	front loop	(코의) 앞 가닥 ↔ bl (back loop) 뒤 가닥
foll	follow / follows / following	따르다 / 다음의
g	gram	그램
in	inch	인치
inc	increase / increases / increasing	코 늘림 / 코 늘림하다. / 코 늘림하면서
incl	including	포함하여
k / K	knit	겉뜨기 / 겉뜨기하다.
kfb / k1f&b	knit into front and back of stitch	(1코의) 앞 가닥과 뒤 가닥에 겉뜨기 -1코 늘어남
kwise	knitwise	겉뜨기하면서 / 겉뜨기하듯이
LC	left cross cable	왼쪽으로 기울어지는 꽈배기
LLI	left lifted increase	왼코 늘림 (1코 늘어남)
lp(s)	loop(s)	가닥, 고리
m	meter	미터
m(s)	marker(s)	마커
M1	make one stitch	1코를 만들다. = M1L
M1 p-st	make one purl stitch	1코를 안뜨기로 만들다.
MB	make bobble	방울 무늬를 만들다.
MC	main color	바탕실
mm	millimeter(s)	밀리미터
oz	ounce(s)	온스
p / P	purl	안뜨기 / 안뜨기하다.
pat(s) / patt	pattern(s)	무늬, 도안

약어		설명
pfb / pf1&b	purl into front and back of stitch	(1코의) 앞 가닥과 뒤 가닥에 안뜨기 -1코 늘어남
pm	place marker	마커를 걸다.
p2tog	purl 2 stitches together	안뜨기로 2코 모아뜨기
prev	previous	전의
psso	pass slipped stitch over	걸러뜬 코를 덮어씌우다.
pwise	purlwise	안뜨기하면서 / 안뜨기하듯이
RC	right cross cable	오른쪽으로 기울어지는 (꽈배기)
rem	remain / remaining	남다 / 남아있는
rep	repeat(s)	반복 / 반복하다.
rev St st	reverse stockinette stitch	안메리야스뜨기
RH	right hand	오른손 / 오른쪽 LH: left hand
RLI	right lifted increase	오른코 늘림 (1코 늘어남)
RM	remove marker	마커를 제거하다.
rnd(s)	round(s)	(원통뜨기일 때) 단
RS	right side	겉면
sk	skip	건너뛰다.
skpo	slip, knit, pass slipped stitch over	오른코 줄임 1코 걸러뜨기, 겉뜨기, 걸러뜬 코를 겉뜨기 한 코 위로 덮어씌우기 (1코 줄어듦)
sk2po	slip, knit 2 together, pass slip stitch over the knit 2 together	오른코 중심 3코 모아뜨기 1코 걸러뜨기, 2코 모아뜨기, 걸러뜬 코를 2코 모아뜨기 코 위로 덮어씌우기 (2코 줄어듦)
sl	slip	걸러뜨기
sl1k	slip 1 knitwise	겉뜨기하듯이 1코 걸러뜨기 as if to knit

약어		설명
sl1p	slip 1 purlwise	안뜨기하듯이 1코 걸러뜨기 as if to purl
SM	slip marker	마커를 옮기다.
ssk	slip, slip, knit these 2 stitches together	오른코 줄임 1코 걸러뜨기, 1코 걸러뜨기, 걸러뜨기한 2코를 모아뜨기 (1코 줄어듦)
sssk	slip, slip, slip, knit 3 stitches together	오른코 중심 3코 모아뜨기 1코 걸러뜨기, 1코 걸러뜨기, 1코 걸러뜨기, 걸러뜨기한 3코를 모아뜨기 (2코 줄어듦)
st(s)	stitch(es)	코
St st	stockinette stitch / stocking stitch	메리야스뜨기
tbl	through back loop	(코의) 뒤 가닥에 넣어 (꼬아뜨기)
tog	together	함께
w&t	wrap stitch and turn work	코에 실을 감고 편물을 돌리다. 경사뜨기의 한 가지 방법
WS	wrong side	안면
wyib	with yarn in back	실을 (편물) 뒤에 두고
wyif	with yarn in front	실을 (편물) 앞에 두고
yd(s)	yard(s)	야드
yfwd	yarn forward	실을 (편물) 앞으로
yo	yarn over	바늘비우기
yrn	yarn around needle	실을 바늘에 감아
yon	yarn over needle	실을 바늘 위로

용어

영문 손뜨개에 쓰이는 단어는 일반적인 뜻과 다르게 쓰이는 경우가 종종 있다. 도안을 읽을 때 아래 용어 표를 참고하여 뜨개를 하면 도움이 된다.

용어	설명	참고
1×1 rib, 2×2 rib	1코 고무뜨기, 2코 고무뜨기	
across (acr)	단 처음부터 끝까지 모든 코	knit across 단 끝까지 겉뜨기 한다.
add a new ball of yarn	새 실을 걸다.	attach (join) a new ball of yarn
along neck	(주로 코를 주울 때) 목둘레를 따라	along front edge 앞판 가장자리를 따라
aran knitting	아란 니팅 (복잡한 꽈배기와 멍석, 격자, 방울무늬 등을 이용한 뜨개)	
armhole edge	진동 가장자리	
as established	만들어진 무늬대로	as set
as foll:	다음과 같이 (콜론: 뒤의 내용을 뜬다)	as follows:
as for	-와 동일하게	as for back (front) 뒤판 (앞판)과 동일하게
as if to knit	겉뜨기하듯이	knitwise
as if to purl	안뜨기하듯이	purlwise
as they appear	눈에 보이는 대로	knit the knit sts and purl the purl sts 겉뜨기코는 겉뜨기 안뜨기코는 안뜨기로 뜨다.
at the same time	이와 동시에	1번에 두 군데 이상의 곳에서 코 늘림이나 코 줄임해 모양을 만드는 경우

용어	설명	참고
back	뒤, 뒤판, 뒤로	back loop (↔ front loop) 코의 뒤 가닥 back of work 편물의 뒤쪽
backstitch	박음질	
backwards loop cast on	손가락 걸기 코 잡기	
ball band	(실의 성분, 권장 바늘, 표준 게이지, 세탁 정보 등이 있는) 띠지	label 라벨
ball	(동그랗게 감긴) 실	
bar	코와 코 사이의 가로줄	
bar increase	가로줄을 들어 올려 만드는 코 늘림	
beginning of round (BOR)	단 시작	
being careful not to twist	(원통뜨기를 시작할 때) 코가 꼬이지 않도록 조심하다.	Join, being careful not to twist.
bias knitting	바이어스 니팅 (한쪽 끝 코를 늘리고 다른 쪽 끝 코를 줄여 사선으로 뜨는 방법)	
bind off in pattern (BO in patt)	무늬대로 뜨면서 코 막음 하다.	
block	세탁하거나 스팀으로 편물의 모양을 잡는 것	wet block / steam block / blocking / block lightly
bobbin	보빈 (여러 색으로 배색할 때 소량의 실을 감아두는 막대)	
bobble	바블 (1코를 여러 코로 늘려 몇 단을 뜨고 다시 1코로 줄여 방울을 만드는 것)	make bobble 방울을 만들다. (MB)
bound off edge	코 막음한 가장자리	

용어	설명	참고
both sides at once	양쪽을 동시에	
brackets	[ ] 괄호 안의 내용을 지시된 횟수 만큼 반복	
break off	(풀리지 않을 정도 혹은 솔기를 이을 정도의 길이로 남기고) 실을 자르다.	
button band	단추 단	
buttonhole	단춧구멍	buttonhole band 단춧구멍 단
circa (ca)	약	about, approximately
cable	꽈배기, 교차뜨기	right cross cable (RC) / left cross cable (LC) / cable needle (CN)
cable cast on	케이블 코잡기 (2코 사이에 바늘을 넣어 겉뜨기해 코를 잡는 방법)	
cable panel	꽈배기 무늬 판	
cap	소매산	sleeve cap
carry the yarn not in use loosely across the back	(가로로 배색할 때) 사용하지 않는 실은 편물 뒤에 느슨하게 지나가도록 한다.	strand (weave) yarn not in use across purl side of work
cast on edge	코를 잡은 가장자리	
chain (ch)	(코바늘) 사슬	
change to double pointed needles when there are too few stitches to fit on a circular needle	(모자나 탑다운 의류의 소매를 원통으로 뜰 때) 코수가 너무 적어 줄바늘에 맞지 않을 때 장갑바늘로 바꾼다.	
change to larger / smaller needles	더 큰 호수 / 작은 호수의 바늘로 바꾼다.	
chart	(기호로 이루어진) 차트, 표	
circular needles (circ)	줄바늘	
circumference	둘레	chest / bust circumference 가슴둘레

용어	설명	참고
continental cast on	길게 실을 남기고 코를 잡는 일반 코잡기 방법	long tail cast on
continental style	실을 왼손에 쥐고 뜨는 방식	continental knitting / german style
continue as established / continue in same manner	계속해서 만들어진 무늬대로 진행한다.	
crochet hook	코바늘 (코가 빠졌을 때, 코막음 할 때, 단을 뜰 때 등 여러 경우에 사용한다.)	
crochet provisional cast on	별실과 코바늘을 이용하여 사슬을 떠 풀어내는 코를 잡는 방법	
cut off	실을 자르다.	break off
darning needle	돗바늘	
decrease stitches evenly across row / round	1단에서 몇 코를 고르게 분배해 코 줄임한다.	evenly spaced
distribute stitches evenly	코를 고르게 분배하다.	
divide stitches evenly 3 or 4 needles	3~4개의 바늘에 코를 고르게 분배하다.	
double knitting (DK)	1) 10cm 게이지 약 22코 정도의 실 굵기 2) 양면 뜨기	
double rib	2코 고무뜨기	2×2 rib
drape	자연스러운 편물의 늘어짐	
drapey	늘어짐이 있는	
drop(ped) shoulder	드롭 숄더 (모양을 내지 않은 어깨)	
dropped stitch	빠진 코	
duplicate stitch	덧수	swiss darning stitch

용어	설명	참고
dye lot	염색 번호 (보통 로트 번호라고 부른다. 실 구매 시기가 다를 경우 색의 차이가 있기 때문에 옷을 뜰 경우 충분한 양을 구매하는 것이 좋다.)	
ease	여유분	positive ease / negative ease
edge	가장자리	
edge st	가장자리 코	
edge to edge seaming	가장자리끼리 연결하기	
ending with a knit row / purl row	마지막 단이 겉뜨기 단 / 안뜨기 단이 되도록 끝낸다.	
ending with a right side row / wrong side row	마지막 단이 겉면 단 / 안면 단이 되도록 끝낸다.	end on RS / WS
English style	실을 오른손에 쥐고 뜨는 방법	American knitting
entrelac	바구니뜨기	
end of row / round (EOR)	단 끝	
established	이미 만들어진(확립된)	
even	짝수의	
even rows	짝수 단	
evenly spaced	고르게 분배해	
even sts	짝수 코	
every other row (EOR)	2단에 1번씩(2번째 단마다)	
every row	매 단마다	
eyelet	(모아뜨기와 바늘비우기로 만드는) 구멍	eyelet knitting, lace knitting
fair isle	가로배색	stranding, stranded knitting
fasten / fasten off	매듭짓다.	
felting	펠팅 (울이 수축되고 엉겨붙는 것)	

용어	설명	참고
finishing / to finish	마무리	
first needle	(장갑바늘을 이용해 원통뜨기할 때) 1번째 바늘	
first stitch	(바늘 끝에서) 1번째 코	
flat / knit flat	평뜨기	knit back and forth
float(s)	가로 배색할 때 뜨지 않고 편물 뒤로 지나가는 실	
foundation row	무늬 배열 단	set up row / preparation row
fringe	(장식) 술	
front	앞, 앞판, 앞으로	
front and back (f&b)	앞뒤에서	kfb / pfb
garment	옷, 의류	
grafting	편물(의 살아있는 코) 잇기	
graph	그래프, 표	chart
hank	(길게 감아 꼬아놓은) 타래실	
holder	안전핀, 어깨핀	stitch holder, safety pin
I-cord	아이코드 (3-4코로 만드는 튜브 형태의 끈)	
in pattern (in patt)	무늬대로	
in same manner	같은 방식으로	in same way
increase stitches evenly across row / round	1단에서 고르게 분배해 코 늘림하다.	
increased(inc) sts into pattern	늘어난 코는 무늬에 포함시키며	
intarsia	세로배색	
invisible seam	보이지 않는 시접 잇기	mattress stitch

용어	설명	참고
join another ball of yarn / join second(2nd ball of yarn)	새 실을 연결하다.	join a new color 새 색상 실을 연결하다.
join being careful not to twist	코가 꼬이지 않도록 주의하며 원통뜨기로 연결한다.	
keep / maintain pattern established	이미 만들어진 무늬를 유지하다.	
kitchener stitch	(살아있는 코 끼리) 메리야스 잇기	grafting
knit across	단 끝까지 겉뜨기하다.	knit to end
knitted cast on	겉뜨기로 코잡기	
knit in the round	원통뜨기하다.	↔ knit flat (back and forth)
left	왼쪽	
left hand	왼손	left hand hold 왼손에 잡고 / left hand needle 왼손 바늘
ladder stitch	mattress stitch 할 때 이용하는 가로줄	
left cross	왼쪽으로 교차되는	left cross cable
lifted increase	코에서 들어 올려 코 늘림하는 방법	
lining	(주머니나 가방의) 안감	
live stitches	(코 막음하지 않고) 살아있는 코	
long tail cast on	기본 코 만들기 / 일반 코 잡기	
maintain pattern as established	이미 만들어진 무늬를 유지하다.	
making up / to make up	마무리	
mark center stitches	중심코를 표시하다.	
materials	재료	

용어	설명	참고
mattress stitch	보이지 않는 시접 잇기	invisible seam
measuring / measures (meas)	치수를 재다.	
miss a stitch	코를 건너뛰다.	skip a stitch
miter	모서리	corner
multiple / multiple of	배수 / ~의 배수	CO a multiple of 5 sts plus 1 5의 배수에 1을 더한 수의 코를 잡다.
neck band	목 단	
neck edge	목 가장자리	
no stitch	(차트에서 아직 늘어나지 않거나 전 단에서 줄어들어 코가 없는 경우) 코 없음	차트에서 주로 검은색 네모칸으로 표시된다. 뜨지 않고 넘어가면 된다.
notions	부자재	
odd / odd rows	홀수의 / 홀수 단	
or desired length	혹은 원하는 길이까지	
or size to obtain gauge	혹은 게이지에 맞는 호수의 바늘	
over / work over	-코를 뜨다.	
parentheses	( ) 둥근 괄호 안의 내용을 반복	
pick up and knit (PUK)	겉뜨기로 코를 줍다.	pick up and purl 안뜨기로 코를 줍다.
picking up the wraps as you go	경사뜨기한 코를 정리하며	
piece	편물, 조각	
piece measures approx -	편물이 약 - 길이가 되면	
place stitches on holder	안전핀에 코를 옮기다. (쉼코로 두다.)	

용어	설명	참고
ply	(실의) 겹, 합수	
pompom	폼폼	
preparation row	무늬 배열 단	
provisional cast on	풀어내는 코 잡는 방법	
right	오른쪽	
right hand	오른손	right hand needle 오른손 바늘
raglan	래글런 (사선의 진동과 소매 형태)	
remaining (rem)	남아있는	
reverse shaping	대칭되는 모양	
rib / ribbing	고무뜨기	
ridge	가터뜨기로 생기는 올록볼록한 줄	garter ridge 가터 리지 (1리지 = 2단)
right side facing	편물의 겉면을 보면서	
right sides together	편물의 겉면을 마주 보게 하고	
rotate	회전시키다.	
same as	-와 같은	same length as -와 같은 길이
schematic	표	
seam / seaming	시접(잇기)	
seamless	(원통이나 한 조각의 편물로 떠) 솔기가 없는	
secure ends	실을 풀리지 않게 정리하다.	weave in ends
seed stitch	멍석뜨기	
selvage / selvedge / selvedge edge	시접, 가장자리	
separately (sep)	따로따로	

용어	설명	참고
set aside	옆으로 밀쳐두다. (즉, 쉼코로 두다.)	put aside
single rib	1코 고무뜨기	1×1 rib
slightly stretched	(고무뜨기나 꽈배기무늬처럼 줄어드는 편물의 경우 게이지를 잴 때) 살짝 펼쳐서	
slip knot	시작매듭 (고리)	
steek	배색 옷에서 여분의 코를 나중에 잘라 트임을 만드는 것	
stitch holder	어깨핀, 안전핀	
stitch marker	코수 마커	
straight needle	막대바늘	
set in sleeves	셋인슬리브 (끼워 넣는 소매, 원형原形의 소매)	
set up row	무늬 배열 단	
sew / sew together	꿰매다, 연결하다.	
sew in sleeve	소매를 (몸판에) 꿰매다.	
shape / shaping	(코 늘림이나 코 줄임을 이용해) 모양을 만드는 것	
short row(s)	경사뜨기, 되돌아뜨기	
split	트임	
stranding	가로배색	
superwash	기계세탁을 할 수 있도록 가공한 실	
swatch	게이지를 내기 위한 시험뜨기 편물	
switch to / change to	(실이나 바늘을) ~로 바꾸다.	
tapestry needle	돗바늘	

용어	설명	참고
tassel	태슬, 장식 술	
tension	게이지(장력)	gauge
three needle bind off	바늘 3개를 이용한 코 막음 방법	
to avoid holes	구멍이 생기는 것을 막기 위해	to prevent holes
trim	다듬다, (장식 용도의) 단	
turn	편물을 돌리다.	
twist	꼬다.	
unravel	(코나 실을) 풀다.	
using smaller / larger needles	더 작은 / 더 큰 호수의 바늘을 이용해	
using MC / CC	바탕실 / 배색실을 이용해	
using color A / color B	색상 A / 색상 B 를 이용해	
waste yarn	자투리 실, 별실	scrap yarn / spare yarn
waste yarn provisional cast on	별실을 이용해 풀어내는 코 잡기 방법	
weave in ends	실 정리하다.	
weight	무게, (실의) 굵기	
with right / wrong side facing	편물의 겉 / 안면을 보면서	
with right / wrong side together	편물의 겉 / 안면을 마주 보게 해	
wool needle	돗바늘	
work	뜨다, 편물	
work across	쭉 뜨다.	
work as established	이미 만들어진 무늬대로 뜨다.	

용어	설명	참고
work as for	~와 동일하게 뜨다.	
work as they appear	눈에 보이는 (무늬)대로 뜨다.	
work(ing) back and forth	앞뒤로 즉, 평뜨기 하다.(하면서)	
working each side separately	양쪽을 따로따로 뜨면서	
work even / work straight	코 늘림이나 코 줄임 없이 평단으로 뜨다.	
work(ing) flat	평뜨기하다.(하면서)	
work in same manner as	~와 같은 방식으로 뜨다.	
work increases (increased stitches) into pattern	코 늘림한 코를 무늬에 포함시키며 뜨다.	
work over - stitches	-코를 뜨다.	
work separately	따로따로 뜨다.	
work to end	단 끝까지 뜨다.	
work to last - stitches	-코 남을 때까지 뜨다.	
working yarn	작업 중인 실, 뜨고 있는 실	
yardage	실 한 볼에 감긴 길이 혹은 작품을 뜨는데 필요한 실의 총 길이	
yoke	상의의 목에서 진동까지 부분 혹은 스커트의 허리 부분	

미국식 용어 / 영국식 용어

미국식 용어와 영국식 용어는 크게 다르지 않다.

미국	영국
bind off ↔ bind on	cast off ↔ cast on
every other row(round)	every alternate row(round)
gauge	tension

grafting	kitchener stitch
kf1&b	KFB
pf1&b	PFB
seed stitch	moss stitch
selvedge stitch	edge stitch
stockinette stitch	stocking stitch
work even	work straight
yarn over (yo)	yarn forward (yfwd)

코바늘 약어

대바늘 네크라인이나 밑단 등을 마무리할 때 코바늘 기법을 사용하기도 한다. 가장 기본적인 약어를 소개한다. 영국식 약어와 미국식 약어가 다르기 때문에 작품을 뜰 때 파란색으로 표시한 부분을 잘 확인해야 한다.

한국	영국		미국	
사슬	chain	ch	chain	ch
빼뜨기	slip stitch	sl st (ss)	slip stitch	sl st (ss)
짧은뜨기	double crochet	dc	single crochet	sc
긴뜨기	half treble crochet	htr	half double crochet	hdc
1길 긴뜨기	treble crochet	tr	double crochet	dc
2길 긴뜨기	double treble crochet	dtr	treble crochet	tr
3길 긴뜨기	triple treble crochet	ttr	double treble crochet	dtr
(코의) 앞 가닥	front loop	fl	front loop	fl
(코의) 앞 가닥만 걸어	front loop only	flo	front loop only	flo
(코의) 뒤 가닥	back loop	bl	back loop	bl
(코의) 뒤 가닥만 걸어	back loop only	blo	back loop only	blo
앞걸어(뜨기)	front post	fp	front post	fp
뒤걸어(뜨기)	back post	bp	back post	bp

인형 용어 / 양말 용어

인형 용어

용어	설명
-knitted sts away from *	*에서 -코 떨어진 위치에
-knitted rows below *	*에서 -단 아래에
arm	팔
assemble	조립하다.
ear	귀
eye	눈
B & T tightly	실을 길게 남기고 잘라 남은 코 사이로 통과시켜 단단하게 잡아당기고 매듭짓는다.
B & T loosely	실을 길게 남기고 잘라 남은 코 사이로 통과시켜 느슨하게 잡아당기고 매듭짓는다.
body	몸통
chain stitch	체인 스티치
cheek	뺨
cord (twisted cord)	(실을 길게 잘라 꼬아서 반으로 접어 만드는) 끈
crotch	가랑이
draw out strands of yarn to embroider -	-를 수놓기 위해 실 가닥을 뽑아낸다. draw out a single strand 한 가닥을 뽑아낸다.
draw up tightly	단단하게 잡아당기다. ↔ draw up loosely
elastic	고무줄
embroidered stitches	자수
finger	손가락

용어	설명
face	얼굴
fold	접다 fold in half 반으로 접다.
foot (feet)	발
head	머리
hair	머리카락
hand	손
in line with -	-와 나란히 be aligned with
leave a long end	실을 길게 남기다.
leaving a space unstuffed -	-에 솜을 채우지 않고 구멍을 남기고
make - pieces	(편물 조각)을 -개 만든다.
mark - with a pin(pins)	핀으로 -의 위치를 표시하다.
matching center back seams of head and body	머리와 몸판의 뒷중심 솔기를 맞춰
mouth	입
muzzle	코와 주둥이 부분
needles a size or two smaller than the yarn calls	실에 맞는 호수보다 한두 호수 적은 바늘 (인형은 의류보다 단단하게 뜨기 때문)
nose	코
oversew	감침질하다.
paw	(동물의) 발
piece	인형 편물 조각
pin - in place	-를 핀을 꽂아 자리를 잡다.
position	위치를 잡다.
row end edge	단 끝 가장자리
shading cheek	뺨에 음영을 넣기 blush
shirring	셔링, 주름
stiff card	(발바닥 등에 쓰이는) 딱딱한 카드

용어	설명
stuff each piece as you go	진행하면서 각 조각에 솜을 채운다.
stuff firmly	단단하게 솜을 채우다. ↔ stuff lightly
stuffing	솜
tail	꼬리
thread through sts on needle	바늘에 남은 코에 실을 꿰어 통과시키다.
tooth (teeth)	이빨
turn the right side out	겉면이 밖으로 나오도록 뒤집다.
tweezer	(솜을 넣을 때 사용하는) 겸자
washable stuffing	세탁 가능한 솜
with a few stitches	(바느질로) 몇 땀을 떠서

양말 용어

용어	설명
cuff	발목
cuff - down	발목에서 아래로 내려뜨는
distribute sts across needles	devide 바늘에 코를 분배하다.
double pointed needle (dpn)	장갑바늘
fingering weight	10cm 게이지 28~32코 정도 양말 뜨기에 적당한 실 굵기 sock weight
graft	(발 끝의 살아있는) 코 잇기
gusset	거싯 - 늘어난 코를 삼각형 모양으로 줄여 원래 코 수로 돌려놓는 것 (힘을 받는 곳을 보강하는 의미가 있다.)
heel flap	뒤꿈치 세로 부분
instep	발등
long circular needles for magic loop	매직루프에 쓸 긴 줄바늘

용어	설명
needle 1	first needle 보통 양말 뜰 때 쓰는 4개의 바늘 중 1번째 바늘
short row heel	경사뜨기로 만드는 뒤꿈치
sole	발바닥
stretchy bind off	신축성 있는 코 막음
toe	발가락
toe-up	발가락에서 위로 떠 올라가는
turkish cast on (invisible cast on)	토업 양말에서 코를 잡는 방법 - 두 개의 바늘에 코를 동시에 잡아 원통으로 뜰 수 있게 해준다.
turning the heel (heel turn)	뒤꿈치 돌아가는 부분
with your favorite stretchy method	선호하는 잘 늘어나는 방법으로 (코를 잡는다) -커프다운 양말에서

sock structure (anatomy) 양말의 구조

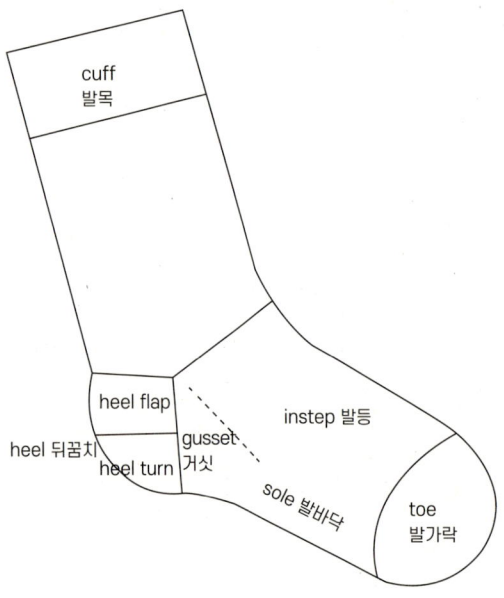

How to Read English Knitting Patterns

  실 굵기

이름	합수 (영국, 뉴질랜드, 호주)	wpi (wraps per inch - 1인치 안에 감긴 회수)	게이지 (10cm, 4 in)	Yarnstandards.com
Thread				0: Lace
Cobweb	1 ply			0: Lace
Lace	2 ply		32-34코	0: Lace
Light Fingering	3 ply		32코	0: Lace
Fingering	4 ply	14 wpi	28코	1: Super Fine
Sport	5 ply	12 wpi	24-26코	2: Fine
DK	8 ply	11 wpi	22코	3: Light
Worsted	10 ply	9 wpi	20코	4: Medium
Aran	10 ply	8 wpi	18코	4: Medium
Bulky	12 ply	7 wpi	14-15코	5: Bulky
Super Bulky		5-6 wpi	7-12코	6: Super Bulky
Jumbo		0-4 wpi	0-6코	7: Jumbo

출처: Ravelry

How to Read English Knitting Patterns

 대바늘 호수 환산표

mm	영국	미국
2mm	14	0
2.25mm	13	1
2.5mm	-	-
2.75mm	12	2
3mm	11	-
3.25mm	10	3
3.5mm	-	4
3.75mm	9	5
4mm	8	6
4.5mm	7	7
5mm	6	8
5.5mm	5	9
6mm	4	10
6.5mm	3	10 1/2
7mm	2	-
7.5mm	1	-
8mm	0	11
9mm	00	13
10mm	000	15
12mm	-	17
16mm	-	19
19mm	-	35
25mm	-	50

How to Read English Knitting Patterns

 × 단위 변환 공식

현재 치수 단위	변환하기 위해 곱하는 수	변환된 치수 단위
1 centimeter	× 0.394	= inch
1 inch	× 2.54	= centimeter
1 meter	× 1.1	= yard
1 yard	× 0.91	= meter
1 gram	× 0.035	= ounce
1 ounce	× 28.3	= gram

today

How to Read English Knitting Patterns

 영문도안 사이트

무료도안 관련 사이트

이메일 계정을 입력하거나 회원가입 해야 도안을 볼 수 있는 사이트도 있다.

Ravelry
https://www.ravelry.com/account/login

Knitty
http://knitty.com/ISSUEw17/index.php

All free knitting
https://www.allfreeknitting.com/

Craftsty 왼쪽 메뉴바 하단 Price에 Free를 클릭하면 무료도안을 볼 수 있다.
https://www.craftsy.com/knitting/shop/knitting-patterns

Drops
https://www.garnstudio.com/search.php?action=browse&sort=date&lang=us

Webs
https://www.yarn.com/categories/free-knitting-patterns

Berroco
https://www.berroco.com/pattern-listing/all/all/all/all/all/all/0/all/all/all

KNITPICKS
https://www.knitpicks.com/patterns/Free_Knitting_Patterns__L300218.html

Knotions
http://knotions.com/category/pattern/

KnitRowan
https://knitrowan.com/en/free-patterns

Lionbrandyarn
http://www.lionbrand.com/patterns

Cascade Yarns
http://www.cascadeyarns.com/patterns_KnittingAll.htm

Purl Soho
https://www.purlsoho.com/create/tag/free-knitting-pattern/

Canadianliving.com
http://www.canadianliving.com/home-and-garden/subsection/knitting-and-crochet

Red heart
http://www.redheart.com/free-patterns

Yarninspirations
http://www.yarnspirations.com/row-en/knit-patterns

Loveknitting
https://www.loveknitting.com/free-knitting-patterns

PLYMOUTH YARN
https://www.plymouthyarn.com/patterns/free

FREE KNIT PATTERNS
https://www.free-knitpatterns.com/

유료 도안 관련 사이트

Etsy
https://www.etsy.com/

BROOKLYN TWEED
https://www.brooklyntweed.com/patterns/

Quince & Co
https://quinceandco.com/collections/patterns

Cocoknits
https://store.cocoknits.com/categories/patterns.html

westknits
https://www.ravelry.com/designers/stephen-west

tincanknits
http://tincanknits.com/patterns.html

Misha and Puff
http://www.studiomishaandpuff.com/shop

paelas
https://www.paelas.com/collections/all

Knitting for olive
https://www.knittingforolive.dk/collections/alle-opskrifter

Petite knit
https://www.petiteknit.com/collections/english-knitting-patterns

간혹 파일 도안이 아니라 완성품이나 소책자, 키트(실 포함)를 판매하는 경우가 있다. 구매하기 전에 잘 확인해야 한다. 그리고 북유럽 작가 도안을 구매하는 경우 북유럽 언어가 아닌 영어로 판매되는 도안인지 꼭 확인해야 한다. 혹시 잘못 구매했다면 작가에게 이메일을 보내 영어 버전을 요청하면 된다.

동영상 강의 관련 사이트

KnittingHelp.com: How to Knit
https://www.knittinghelp.com

유튜브 채널 VeryPink Knits
https://verypink.com

유튜브 채널 New Stitch a Day: Knitting and Crochet Video Tutorials
https://www.youtube.com/user/newstitchaday

Lionbrandyarn
http://www.lionbrand.com/patterns

Cascade Yarns
http://www.cascadeyarns.com/patterns_KnittingAll.htm

Purl Soho
https://www.purlsoho.com/create/tag/free-knitting-pattern/

Canadianliving.com
http://www.canadianliving.com/home-and-garden/subsection/knitting-and-crochet

Red heart
http://www.redheart.com/free-patterns

Yarninspirations
http://www.yarnspirations.com/row-en/knit-patterns

Loveknitting
https://www.loveknitting.com/free-knitting-patterns

PLYMOUTH YARN
https://www.plymouthyarn.com/patterns/free

FREE KNIT PATTERNS
https://www.free-knitpatterns.com/

유료 도안 관련 사이트

Etsy
https://www.etsy.com/

BROOKLYN TWEED
https://www.brooklyntweed.com/patterns/

Quince & Co
https://quinceandco.com/collections/patterns

Cocoknits
https://store.cocoknits.com/categories/patterns.html

westknits
https://www.ravelry.com/designers/stephen-west

tincanknits
http://tincanknits.com/patterns.html

Misha and Puff
http://www.studiomishaandpuff.com/shop

paelas
https://www.paelas.com/collections/all

Knitting for olive
https://www.knittingforolive.dk/collections/alle-opskrifter

Petite knit
https://www.petiteknit.com/collections/english-knitting-patterns

간혹 파일 도안이 아니라 완성품이나 소책자, 키트(실 포함)를 판매하는 경우가 있다. 구매하기 전에 잘 확인해야 한다. 그리고 북유럽 작가 도안을 구매하는 경우 북유럽 언어가 아닌 영어로 판매되는 도안인지 꼭 확인해야 한다. 혹시 잘못 구매했다면 작가에게 이메일을 보내 영어 버전을 요청하면 된다.

동영상 강의 관련 사이트

KnittingHelp.com: How to Knit
https://www.knittinghelp.com

유튜브 채널 VeryPink Knits
https://verypink.com

유튜브 채널 New Stitch a Day: Knitting and Crochet Video Tutorials
https://www.youtube.com/user/newstitchaday